Peter Eickhoff

111 Orte
am Niederrhein,
die man gesehen
haben muss

emons:

In Erinnerung an Major Ronald Edmond Balfour, der während der alliierten Groß-
offensive im März 1945 versuchte, Kunstwerke und historische Gebäude vor der
Zerstörung zu retten. Er fiel am 10. März 1945 im Alter von 41 Jahren, als er in
Kleve einen Altar bergen wollte.

Bibliografische Information der Deutschen Bibliothek
Die Deutsche Bibliothek verzeichnet diese Publikation in der
Deutschen Nationalbibliografie; detaillierte bibliografische
Daten sind im Internet über http://dnb.d-nb.de abrufbar.

© Hermann-Josef Emons Verlag
Alle Rechte vorbehalten
Gestaltung: Eva Kraskes, nach einem Konzept
von Lübbeke | Naumann | Thoben
Kartografie: Regine Spohner
Druck und Bindung: B.O.S.S Druck und Medien GmbH, Goch
Printed in Germany 2011
ISBN 978-3-89705-815-6
Originalausgabe

Unser Newsletter informiert Sie
regelmäßig über Neues von emons:
Kostenlos bestellen unter
www.emons-verlag.de

39____ Das Försterdenkmal | Kleve
Nach der Jagd | 86

40____ Haus Koekkoek | Kleve
Eine reine Familienangelegenheit | 88

41____ Die historischen Gärten | Kleve
Mit Weitsicht | 90

42____ Das Johanna-Sebus-Denkmal | Kleve
Selbstlos in den Fluten | 92

43____ Das Käsedenkmal auf Gut Hogefeld | Kleve
Die Goudakönigin | 94

44____ Der Kermisdahl | Kleve
Nie sollst du mich befragen | 96

45____ Das Prinz-Moritz-Grab | Kleve
Und alle Lust will Ewigkeit! | 98

46____ Der Reichswald | Kleve
Nach der Schlacht | 100

47____ Der Salmorth | Kleve
Immer was los | 102

48____ Schenkenschanz | Kleve
Blick auf einen fernen Ort | 104

49____ Schloss Gnadenthal | Kleve
Reine Vernunft kann niemals siegen | 106

50____ Der Schwanenturm | Kleve
Auferstanden aus Ruinen | 108

51____ »Zur Traube« | Korschenbroich
Auf dem Borussen-Teller | 110

52____ Das Bürgermeisteramt | Kranenburg
Die Hinrichtung | 112

53____ Die Düffel | Kranenburg
Kühe in Halbtrauer | 114

54____ Das Museum Katharinenhof | Kranenburg
Von Heiligen und Tränen | 116

55____ St. Peter und Paul | Kranenburg
Lohn des Wartens | 118

56____ Burg Linn | Krefeld
Alte Schönheit | 120

57____ Die Galopprennbahn | Krefeld
Historische Kulissen | 122

58____ Haus Esters und Haus Lange | Krefeld
Die Vision der Zukunft | 124

19 — Kloster Marienthal | Hamminkeln
Im Windschatten der Moderne | 46

20 — Haus Esselt | Hünxe
Der Traum des Ruhelosen | 48

21 — Die Fleuthkuhlen | Issum
Zwischen Donken und Kendeln | 50

22 — Garzweiler I | Jüchen
Das große Loch | 52

23 — Der Park von Schloss Dyck | Jüchen
Blaikies englischer Garten | 54

24 — Die Dorfkirche von Hanselaer | Kalkar
Im Idealzustand | 56

25 — Das Kernwasserwunderland | Kalkar
Abenteuer im Kühlturm | 58

26 — Der Marktplatz | Kalkar
Gut betucht | 60

27 — Das Schifferdenkmal | Kalkar
Alles am Fluss | 62

28 — St. Nicolai | Kalkar
Die Wunder aus Holz | 64

29 — Das Stiftsmuseum in Wissel | Kalkar
Starker Tabak | 66

30 — Wisseler Dünen | Kalkar
Ohne Meerblick | 68

31 — Kloster Kamp | Kamp-Lintfort
Gartenlust und Lebensglück | 70

32 — »et kemp'sche huus« | Kempen
Die versetzte Vergangenheit | 72

33 — Die Kerzenkapelle | Kevelaer
In einer Winternacht | 74

34 — Der Cupido der »Beuys-Haltestelle« | Kleve
Männer aus Eisen | 76

35 — Der Britische Ehrenfriedhof | Kleve
Das Schweigen der Gräber | 78

36 — Die Donsbrügger Mühle | Kleve
Vorsprung durch Technik | 80

37 — Die Düffelwarder Fähre | Kleve
Ein kurzes Vergnügen | 82

38 — Die Eisenbahnbrücke von Griethausen | Kleve
Schönheit, die rostet | 84

111 Orte

1___ Schloss Moyland | Bedburg-Hau
Feldherren und Philosophen | 10

2___ Der Voltaire-Weg | Bedburg-Hau
Gehen, um davon zu erzählen | 12

3___ Die Apsis von Knechtsteden | Dormagen
Hier ist es | 14

4___ Die Rheinstraße in Zons | Dormagen
Immer wieder sonntags | 16

5___ Der Zonser Grind | Dormagen
Unter den Pappeln der Freiheit | 18

6___ Das »Alte Gasthaus Christ« | Emmerich
Wie ausgedacht | 20

7___ Hoch-Elten | Emmerich
Über dem flachen Land | 22

8___ Kilometer 852 | Emmerich
Am Anfang einer Reise | 24

9___ Onder de Poort | Emmerich
Eine verhängnisvolle Affäre | 26

10___ Die Promenade | Emmerich
Gehen, ohne sich gehen zu lassen | 28

11___ St. Martini | Emmerich
Nah am Wasser gebaut | 30

12___ Das Steinkreuz | Emmerich
Ein perfekt vergessener Mord | 32

13___ Die »Alte Bürgermeisterei« | Geldern
Weiße Spitzen | 34

14___ Die Steprather Mühle | Geldern
Wieder unter Wind | 36

15___ Das Arnold-Janssen-Haus | Goch
Der letzte Heilige | 38

16___ Kloster Graefenthal | Goch
Nichts bleibt! | 40

17___ Das Freilichtmuseum | Grefrath
Aus dem richtigen Leben | 42

18___ Burg Hülchrath | Grevenbroich
Mit Hexen und Werwölfen | 44

Vorwort

Es ist nicht ganz einfach zu bestimmen, wo der Niederrhein beginnt und wo er endet. Und wie weit reicht er eigentlich? Georg Forster, der mit James Cook die Welt umsegelte und mit Alexander von Humboldt den Rhein bereiste, zählte in seinem 1791 erschienenen Buch »Ansichten vom Niederrhein« Brüssel, Lille, Antwerpen und Amsterdam dazu.

Noch schwieriger ist es zu sagen, was der Niederrhein in seinem Wesen ist. Ist er eine Landschaft, eine Kultur, eine Lebensauffassung oder letztendlich eine Möglichkeitsform? Verändert hat er sich schließlich ständig, und nur wenig hatte Bestand. Kaum noch ein Stein stand vor einem Leben auf dem anderen. Andererseits taucht die Vergangenheit sofort wieder auf, wenn man ein bisschen in der Erde kratzt: in Xanten eine ganze Stadt, die einmal römisch war, in Krefeld eine fränkische Nekropole. Die älteste Eisenbahnbrücke Westdeutschlands rostet am Niederrhein vor sich hin, und der älteste Bahnhof ist noch ganz aus Holz, fast so alt wie die ältesten Dampflokomotiven. Überall gibt es Wegkreuze, Kirchen, Kapellen und niederrheintypisch den größten Wallfahrtsort nördlich der Alpen.

Und die niederrheinische Gegenwart? Im ehemals modernsten Atomkraftwerk Deutschlands wird heute Karussell gefahren. Ski fahren kann man selbst im Sommer. Die Nordsee erreicht man bequem mit dem Fahrrad. Und wenn man nicht aufpasst, wird die Landschaft, in der man steht, einfach weggebaggert, und auch das Loch, das so entstand, ist ein Superlativ. Die Niederrheiner neigen überhaupt zu Extremen: Der Baron Anacharsis Cloots verlor seinen Kopf in aller Öffentlichkeit in Paris, Arnold Janssen, der letzte Heilige, schlief nur in seinem Schreibtisch oder gar nicht, Joseph Beuys machte aus dem Leben eine »Soziale Plastik«, und der Sammler Karl-Heinrich Müller verschenkte eine ganze Insel voll mit Kunst und eine Raketenstation dazu.

Was und wie ist der Niederrhein also wirklich? Erfahren Sie es an 111 ungewöhnlichen, neu entdeckten und altvertrauten Orten!

59 — Hückelsmay | Krefeld
Hinter der Landwehr | 126

60 — Die Pax-Christi-Kirche | Krefeld
Die Kunst trägt das Kreuz | 128

61 — Der Osterather Bahnhof | Meerbusch
Im Faller-Haus | 130

62 — Das Hüschgrab | Moers
Sach ma nix! | 132

63 — Das Haus u r | Mönchengladbach
Bedrücktes Wohnen | 134

64 — »Lovers' Lane« | Mönchengladbach
In der Tiefe des Raums | 136

65 — Das Museum Abteiberg | Mönchengladbach
C wie Caesar, H wie Hans | 138

66 — Schloss Rheydt | Mönchengladbach
Im Licht des Südens | 140

67 — Die Krickenbecker Seen | Nettetal
Wie in Finnland | 142

68 — Die Insel Hombroich | Neuss
Das schönste Kunstmuseum der Welt | 144

69 — Der Kultkeller der Kybele | Neuss
Das Vermächtnis der Großen Mutter | 146

70 — Die Raketenstation | Neuss
Pershings zu Poemen | 148

71 — Die Skihalle | Neuss
Immer abwärts! | 150

72 — St. Quirinus | Neuss
Der Marschall hilft immer | 152

73 — Der Bienener Altrhein | Rees
Das große Paradies | 154

74 — Der »Inselgasthof Nass« | Rees
Ab der Fisch! | 156

75 — Das »Landhaus Drei Raben« | Rees
Licht im August | 158

76 — Die Fossa Eugeniana | Rheinberg
Wer andern einen Graben gräbt | 160

77 — Der Hariksee | Schwalmtal
Auf dem Kindheitserinnerungsboot | 162

78 — Die KartBahn | Schwalmtal
Speedmonster | 164

79___ Die Schwalm | Schwalmtal
Im Mühlenviertel | 166

80___ Der Aussichtsturm | Sonsbeck
Da unten, das Land | 168

81___ Die Hochwaldschneise | Uedem
Operation »Blockbuster« | 170

82___ Der Mooshof | Uedem
Im Alleingang | 172

83___ Die Mommniederung | Voerde
Schöne Aussichten | 174

84___ Die Altstadt | Wachtendonk
Fast wie früher | 176

85___ Das Birgelener Pützchen | Wassenberg
Sonntags nach dem Essen | 178

86___ Der Grenzlandring | Wegberg
Ohne Boxenluder | 180

87___ Haus Wildenrath | Wegberg
Wieder am Anfang | 182

88___ Die Molzmühle | Wegberg
Unten tief im Tale | 184

89___ Die alte Eisenbahnbrücke | Wesel
Von einem Ufer zum andern | 186

90___ Das Berliner Tor | Wesel
Abschied von Preußen | 188

91___ Die Heresbachkapelle im Dom | Wesel
Die verlorene Bibliothek | 190

92___ Das Hotel »Wacht am Rhein« | Wesel
Die Hüter des Stroms | 192

93___ Das Peter-Minuit-Denkmal | Wesel
In der Neuen Welt | 194

94___ Der Postdeich | Wesel
Der niemals brach | 196

95___ Das Preußenmuseum | Wesel
Als wir Brandenburger waren | 198

96___ Die Sammlung Holland | Wesel
Die Vögel | 200

97___ Das Schilldenkmal | Wesel
Tod am Nachmittag | 202

98___ Das Schwarze Wasser | Wesel
Ein schöner See | 204

99___ Die Wallfahrtskirche in Ginderich | Wesel
Der älteste Wallfahrtsort | 206

100___ Klein-Jerusalem | Willich
Die ersten und die letzten Tage | 208

101___ Der Archäologische Park | Xanten
Die wiederentdeckte Stadt | 210

102___ Die Bislicher Insel | Xanten
Wenn die Wildgänse kommen | 212

103___ Der Dom | Xanten
Heilige und Ritter | 214

104___ Das »Hotel van Bebber« | Xanten
Haus der Geschichte | 216

105___ Der Jüdische Friedhof | Xanten
Passage zum Himmel | 218

106___ Die Klause des heiligen Norbert | Xanten
Vom Pferd gefallen | 220

107___ Das »Landhaus Köpp« | Xanten
Campingplatz mit Sterneküche | 222

108___ Der Lüttinger Knabe | Xanten
Von der Kneipe ins Museum | 224

109___ Die Nordsee | Xanten
Mehr im Norden, mehr im Süden | 226

110___ Das Stiftsmuseum | Xanten
Poetische Dogmen | 228

111___ Die Wallfahrtskirche in Marienbaum | Xanten
Hirten sehen dich an | 230

1 Schloss Moyland

Feldherren und Philosophen

Selbst als Ruine und von der Geschichte in die Knie gezwungen, hatte Schloss Moyland den Nimbus des Besonderen. Es erinnerte an die große Klever Zeit, als Moritz von Nassau Statthalter des Kurfürsten Friedrich III. von Brandenburg in dessen niederrheinischer Provinz war. 1695 hatte der Fürst und spätere preußische König das Schloss gekauft, das bis 1766 die Residenz der Preußen in ihrer westlichsten Provinz blieb. Die letzte große Persönlichkeit, die das alte Moyland sah, war Winston Churchill, der britische Kriegspremier. Am 25. März 1945, nachdem alliierte Truppen den Rhein überquert hatten, besuchte er das zerschossene Schloss, in dem sich nun das Hauptquartier der 3. Britischen Infanterie-Division befand. Nach dem Krieg verfiel das Schloss.

Es war für Moyland die rettende und wunderbare Idee der Brüder Hans und Franz Joseph van der Grinten, aus der Ruine ein Museum für Joseph Beuys entstehen zu lassen. Die van der Grintens waren mit Beuys früh befreundet, hatten seine erste Ausstellung in ihrem Haus in Kranenburg organisiert und waren seine ersten Sammler. Sie stifteten mehr als 4.000 Dokumente und Arbeiten des Künstlers und machten Moyland damit zu einem musealen Schwergewicht am Niederrhein. Ihre private Bibliothek von etwa 40.000 Büchern und Zeitschriften bildete den Grundstock der international bedeutsamen und ständig erweiterten Museumsbibliothek.

Die Bestände des Museums (über 15.000 Zeichnungen, eine der größten Grafik- und Fotosammlungen Westdeutschlands und 6.000 Arbeiten von Joseph Beuys) ermöglichen immer wieder neue Ausstellungen und Präsentationen. Der Skulpturenpark mit 70 Plastiken des späten 20. Jahrhunderts, unter anderem von James Lee Byars, Eduardo Chillida, Erwin Heerich und Heinz Mack, ist in eine hervorragend rekonstruierte Gartenlandschaft integriert, die ihre ursprünglich barocken Elemente mit Ideen englischer Parkanlagen des 19. Jahrhunderts verbindet.

Adresse Am Schloss, Bedburg-Hau | **ÖPNV** Bus 44, Haltestelle Schloss Moyland |
Anfahrt A 57, Ausfahrt Goch/Weeze in Richtung Goch, dann B 67 Richtung Kalkar und
B 57 Richtung Kleve oder A 3, Ausfahrt Rees, über B 67 Richtung Kalkar und B 57
Richtung Kleve; Schloss Moyland liegt in unmittelbarer Nähe der B 57 | **Öffnungszeiten**
1. April bis 30. Sept. Di–Fr 11–18 Uhr, Sa u. So 10–18 Uhr, 1. Okt. bis 31. März Di–So
11–17 Uhr | **Tipp** Das Café-Restaurant »Zur Alten Post« gegenüber von Schloss Moyland
auf der Moyländer Allee, ein Ziegelbau von 1850, existiert seit über 100 Jahren als Gasthof.

2 Der Voltaire-Weg

Gehen, um davon zu erzählen

Man sollte, befand der deutsche Philosoph Friedrich Nietzsche, keinem Gedanken trauen, den man nicht im Gehen gefasst hat. Der Lust, über das Leben nachzudenken, und der damit verbundenen Notwendigkeit zu gehen kann man sehr schön und angenehm auf dem nach dem französischen Philosophen Voltaire benannten Weg nachgeben. Von Schloss Moyland nach »Berg und Tal« misst er sechseinhalb Kilometer. Lang genug, um sich philosophische Klarheit zu verschaffen. Als Prinz-Moritz-Weg führt er dann am Kermisdahl entlang hinauf zur Schwanenburg.

Voltaire war bekanntlich der prominenteste intellektuelle Gast auf Schloss Moyland. Im Spätsommer 1740 hatte er dort seinen Brieffreund und Gönner, Friedrich II. von Preußen, getroffen, eine viel bestaunte und oft kolportierte Begegnung. Leider blieb sie für Schloss Moyland folgenlos; aus der geplanten Gelehrtenakademie wurde nichts. Der König bewunderte den originellen Denker, und Voltaire bewunderte den aufgeklärten Monarchen. Man war sich also herzlich zugeneigt. Erst in seinen späten Jahren verachtete Voltaire zumindest in seinen Tagebüchern die Inkonsequenz des Preußen, für den Philosophie letztendlich doch nur ein abstraktes Gedankenspiel geblieben war.

Der Weg führt über eine längere Strecke am Moyländer Wald vorbei. Auf diesem »Alten Postweg« findet man in mächtige Buchen eingeritzte Inschriften, die an alte Lustgefühle und Launen erinnern. Die älteste soll aus der Mitte des 19. Jahrhunderts stammen.

Der leichte Spaziergang führt durch die Buchen- und Eichenallee an Haus Rosendal vorbei bis zum Grab des Prinzen von Nassau. Dieser hatte in Erwartung seines nahenden Todes sein Grab schon zu Lebzeiten errichten lassen. In einer Einsiedelei gegenüber dem Sarkophag dachte der Prinz über sein bewegtes Leben nach. Vermutlich im Sitzen.

Adresse Zwischen Papenberg und Schloss Moyland, Bedburg-Hau | **ÖPNV** Bus 44, Haltestellen Qualburg und Moyland | **Anfahrt** A 57, Ausfahrt Goch/Weeze Richtung Goch, B 67 Richtung Kalkar und B 57 Richtung Kleve oder A 3, Ausfahrt Rees, B 67 Richtung Kalkar und B 57 Richtung Kleve; der Voltaire-Weg verläuft in der Nähe der B 57 | **Öffnungszeiten** ganzjährig | **Tipp** Der Boden unter der Pfarrkirche St. Martinus im Ortsteil Qualburg war vermutlich das Zentrum des römisch-fränkischen Siedlungsplatzes Quadriburgium. Die Erhebung des Platzes auf einer 17 Meter hohen Düne und Reste eines fränkischen Plattengrabes aus dem 7. Jahrhundert weisen darauf hin.

3___Die Apsis von Knechtsteden

Hier ist es

Man öffnet die Tür, tritt ins Halbdunkel, und mit einem einzigen Schritt scheint man aus der Welt zu sein. Romanische Klosterkirchen befördern augenblicklich ein Gefühl von Weltferne und einer damit verbundenen Konzentration auf etwas Wesentliches, das man auch als atheistischer Besucher ahnt. Etwas ist anwesend, das es an anderen Orten so nicht gibt. Für den, der nicht glaubt, ist es natürlich nicht die Gegenwart Gottes. Es ist eher das unmittelbare Gefühl und Bewusstsein einer historischen Kontinuität, die berührt und beeindruckt, denn in den Klöstern des Mittelalters liegt der Ursprung der abendländischen Kultur.

Die Gläubigen des Mittelalters wussten den Weltenherrscher allerdings noch direkt über sich und spürten seine Augen möglicherweise deutlich in ihrem Rücken, als sie niederknieten. In der Westapsis ist er in einem großen Deckengemälde präsent: Auf blauem Sternengrund steht der segnende Christus, umschlossen vom Lichtstreifen einer Mandorla, die seine Aura bezeichnet. Der Pantokrator hält das aufgeschlagene »Buch des Lebens«, in dem nach der Vorstellung der Gläubigen alle Namen der Menschen verzeichnet sind, die in seinem Sinn gottgefällig sind.

Das Prämonstratenserkloster in Knechtsteden geht auf eine Schenkung des Hugo von Sponheim, Dekan des Kölner Doms, zurück. Einer himmlischen Eingebung folgend brachte er seine Besitztümer in Knechtsteden Gott und der Jungfrau Maria dar. Auf seinen Wunsch hin siedelten sich Mönche des Reformordens an, was möglicherweise damit zusammenhängt, dass Hugo von Sponheim mit dem heiligen Norbert von Xanten verwandt war, der den Orden begründet hatte.

Knechtsteden ist eine der wenigen erhaltenen Klosterkirchen mit zwei Apsiden. Das Wandgemälde der Westapsis mit Christus und den Aposteln gehört zu den wichtigsten Zeugnissen romanischer Malerei am Niederrhein.

Adresse Knechtstedener Straße, Dormagen-Knechtsteden | **ÖPNV** Bus 871, 883, 885, NE 1, Haltestelle Knechtsteden | **Anfahrt** A 57, Ausfahrt Dormagen in Richtung Rommerskirchen, hinter Delhoven rechts abbiegen zum Kloster Knechtsteden | **Öffnungszeiten** Basilika täglich 8–18 Uhr | **Tipp** Der Klosterhof Knechtsteden an der Einmündung zur Klosterstraße wurde 1898 als Gasthof für die weltlichen Besucher des Klosters errichtet. Die Gasträume besitzen architektonisch noch einiges an historisierendem Charme.

4 Die Rheinstraße in Zons

Immer wieder sonntags

Man könnte sich den gähnenden Wachsoldaten, den der biedermeierliche Carl Spitzweg auf einer Bastei malte, auch gut auf der Zonser Mauer vorstellen, wie er gelangweilt, in sich selbst und vor anderen ruhend, über die Wiesen und durch die Pappeln hindurch zum Rheindeich blickt: Draußen vor den Toren ist nichts los, und auch in der Stadt ist alles friedlich.

Nur ein paar geparkte Autos vor den historischen Häusern erinnern daran, dass man noch immer in der Gegenwart ist, obwohl man für einen kleinen Moment, wenn man aus dem Schatten des mächtigen Rheintores in die Sonne der Straße tritt, das Gefühl hat, sie verlassen zu haben. Die Vormittagssonne strahlt die alten Fassaden an, von denen manche, wie die des »Alten Zollhauses«, glänzen, als sei alle Tage Sonntag. Die ältesten Häuser der »Feste Zons« stehen in der Rheinstraße, nur wenige haben die wilden Zeiten überstanden, als die Stadt noch ein militärisch gesicherter Zollposten der Kölner Erzbischöfe war. Zons brannte dreimal fast komplett bis auf die Grundmauern ab, zum ersten Mal im 15., zum letzten Mal im 17. Jahrhundert. Anschließend kam die Pest, dann die Hessen, die die Stadt beschossen, und wenige Jahre bevor französische Revolutionstruppen einzogen, stand das Rheinwasser hoch über der Stadtmauer und den Köpfen der Zonser bis zu den Türschwellen der Pfefferbüchsen genannten Wachtürme. Wäre Carl Spitzweg jemals in Zons gewesen, hätte er seine schlafmützige Schildwache vermutlich vor eine dieser idyllischen Pfefferbüchsen gestellt.

Sonntags aber ist alles anders. Die Stadt, die nur noch ein Stadtteil ist, vibriert. Im Laufschritt wird sie genommen, mit Fahrrädern und Inlineskates, Hand in Hand mit der ganzen Familie, von allen Seiten und aus allen Himmelsrichtungen. Ein diskreter Kampf um Parkplätze und Tische in den Cafés und Kneipen beginnt, und alle fragen sich, was eigentlich los ist. Eigentlich nichts. Zons ist einfach da, so wie immer, alt und klein und so überschaubar wie ein Puppenhaus.

16

Adresse Rheinstraße, Dormagen-Zons | **ÖPNV** Bus 875, 886, NE 2, WE 2, Haltestelle Rheinstraße | **Anfahrt** A 46, Ausfahrt Neuss-Uedesheim Richtung Neuss-Grimlinghausen, B9 Richtung Dormagen und Zons, bei Schlossstraße rechts zur Rheinstraße oder links auf Deichstraße zum Parkplatz oder A 57, Ausfahrt Dormagen Richtung Neuss, bei Horremer Straße Richtung Zons, weiter wie oben | **Öffnungszeiten** ganzjährig | **Tipp** Das Kreismuseum Zons in der ehemaligen mittelalterlichen Landesburg der Erzbischöfe auf der Schlossstraße ist auf angewandte Kunst spezialisiert und besitzt die weltweit größte Jugendstil-Zinnsammlung.

5 Der Zonser Grind

Unter den Pappeln der Freiheit

Zwischen Stürzelberg und Zons liegt, umgeben von einer weiten, nach Nordosten gezogenen Rheinschlinge, der Grind. Seit mehr als 2.000 Jahren wird er landwirtschaftlich genutzt, und im Wechsel mit den Jahreszeiten und den Segnungen und Verwüstungen durch den alles beherrschenden Strom entstand eine bemerkenswerte Kulturlandschaft. Bei Hochwasser bilden der Zonser Grind und die auf der anderen Rheinseite liegende Urdenbacher Kämpe eine irritierend urtümliche Flusslandschaft, aus der die Kronen der Bäume wie seltsam erstarrte Solitäre herausragen.

Wie in allen niederrheinischen Überschwemmungsgebieten gibt es noch eine erstaunliche Anzahl von seltenen und andernorts verschwundenen Pflanzen. Ihr Blütenreichtum im Frühling und Sommer zeigt auf den Wiesen eine malerisch anmutende Fülle, die dem Umstand, dass man sich zwischen den beiden industriellen Schwergewichten Dormagen und Düsseldorf-Benrath befindet, etwas Unwirkliches gibt.

Es war vermutlich diese sichtbare, naturgepolsterte Distanz zur wirklichen Welt, die aus dem Grind zwischen 1933 und 1945 eine Art Fluchtgebiet für Maler und Studenten der Düsseldorfer Kunstakademie machte. Die wenigen, die sich nicht mit der rassegeprägten Heroenoptik der Nationalsozialisten arrangieren wollten, trafen sich in dieser unverdächtigen und abhörsicheren Landschaft, um laut sagen zu können, was sie dachten und fühlten. »Allein die braune Farbe war zum Kotzen«, kommentierte Emil Schumacher, einer der Mitbegründer des deutschen Informel. Es waren von einem natürlichen Skeptizismus geprägte Maler wie sein Kollege Bruno Goller, der nach dem Krieg zu den Erneuerern der Düsseldorfer Akademie gehörte, oder der von der katholischen Jugendbewegung geprägte, heute allerdings fast vergessene spätere Direktor der Berliner Hochschule der Künste Ludwig Schrieber, die ihre Sommer bis zum bitteren Ende auf dem Grind verbrachten.

Adresse Innerhalb des Rheinbogens zwischen Stürzelberg und Zons, Dormagen | **ÖPNV** Bus 886, NE 2, WE 2, Haltestelle Unterstraße (Stürzelberg) | **Anfahrt** A 46, Ausfahrt Neuss-Uedesheim Richtung Neuss-Grimlinghausen, links auf Koblenzer Straße (B 9), dann links auf Bahnstraße nach Stürzelberg, bei Oberstraße wieder links zum Naturschutzgebiet »Zonser Grind« | **Öffnungszeiten** ganzjährig | **Tipp** Das Fährhaus Pitt-Jupp, Grind 6, hat von April bis Oktober seinen Biergarten mit Blick auf den Rhein geöffnet und ist Anlegestelle für Kanus.

6__ Das »Alte Gasthaus Christ«

Wie ausgedacht

Für einen Moment hat es abends im Winter etwas Unwirkliches: Ein altes Haus, vollkommen überwachsen von Efeu und Glyzinen, aus dessen Fenstern ein warmes, anheimelndes Licht auf die abendliche Straße fällt, steht direkt an der verschneiten spurlosen Landstraße unter einem fahlen Dezembermond. Wenn dann hinter den langsam fallenden Schneeflocken die Glocken der gegenüberliegenden Kirche tief in die Nacht schlagen, könnte ein Märchen von Wilhelm Hauff beginnen oder eine Weihnachtsgeschichte von Charles Dickens: ein Ziel für einsame Reisende, Fuhrmänner und geläuterte Kirchgänger im Sonntagsanzug.

Seit mehr als 300 Jahren ist das Haus im Besitz der Familie Christ-Loose, und heute erscheint es wie ein zeitloser Fluchtpunkt, eine ebenso glückliche wie ideale Einrichtung, die unbeschadet die Jahre überstand.

Das Gasthaus ist natürlich ein wenig sentimental – wie auch viele seiner Gäste es sind oder mit dem Weingenuss werden –, urgemütlich und museal, und deshalb wird hier gewissermaßen vierhändig die Melodie alter Zeiten und Dekorationen gespielt: Die Wände sind vollgepackt mit Erinnerungsstücken, Trödel und Antiquitäten. In den kleinen, verwinkelten Gasträumen wirkt dennoch alles authentisch, organisch gewachsen, kein Rührstück übertriebener Feierabendromantik, sondern ein Gasthaus, das über und durch die Jahrhunderte wurde, was es heute ist.

Die Küche ist sehr solide, bürgerlich wie die Anzüge der Kirchgänger und in einigen Gerichten noch ganz regional ausgerichtet, durchgekocht und lang geschmort, also genau das, was man unter guter Landhausküche verstehen darf – alles in allem ein Idealfall und vielleicht das letzte Original in einer Gegend, in der 1945 mit den historischen Städten auch die vielen Schifferkneipen und Fuhrmannsgasthöfe untergingen, die einmal die gastronomische Seite dieser Landschaft prägten.

Adresse Eltener Straße 425, Emmerich-Hüthum | **ÖPNV** Bus 92 und 94, Haltestelle Hüthum Kirche | **Anfahrt** A 3, Ausfahrt Emmerich, B 220 Richtung Zentrum, rechts auf Eltener Straße bis Hüthum | **Öffnungszeiten** täglich ab 18 Uhr, an Sonn- und Feiertagen auch 12–14 Uhr, Mo und Di Ruhetag | **Tipp** Gegenüber dem Gasthaus liegt die Pfarrkirche St. Georg, ein um 1900 gebauter neogotischer Backsteinbau.

7 Hoch-Elten

Über dem flachen Land

Es ist tatsächlich so: Holländer sind verrückt nach Bergen. Sie werden von Bergen mehr oder weniger widerstandslos angezogen, und so ist es nicht besonders überraschend, dass man oben auf dem Eltenberg fast nur Holländern in Hochstimmung begegnet, die so ausgelassen wie auf einem Kindergeburtstag sind. Das eigentliche Vergnügen ist das Obensein und das gelegentliche Runtergucken. Hoch-Elten liegt gute 70 Meter über Normalnull, während ein Viertel der Niederlande unter Normalnull liegt, was für viele Holländer bedeutet, dass sie im Alltag zum Meeresspiegel aufblicken müssen.

Von hier oben kann man weit sehen. Rein theoretisch und wenn der Horizont nicht in einem silbernen Dunst verschwindet, immerhin 30 Kilometer. Dieser auch strategisch wichtige Aspekt ist der Grund, dass Hoch-Elten schon früh besiedelt und militärisch genutzt wurde. Der sogenannte Drususbrunnen, dessen Schacht durch den Berg hindurch bis in die Ebene hinunterreicht, erinnert an die römischen Legionäre, die hier waren, und die Kirche St. Vitus ist das indirekte Vermächtnis des Grafen von Hamaland, der auf dem Eltenberg seine Holzburg hatte. Ohne männliche Erben schenkte er seine Ländereien Gott und dem Kaiser und begründete ein Damenstift, dessen erste Äbtissin seine Tochter Luitgard war. Seine andere Tochter Adela wurde, wie sie empfand, mit einigen feuchten Ländereien zwischen den mäandernden Rheinarmen abgespeist. Sie wurde zur gefürchteten Raubritterin, eine wilde und auch kaltherzige Frau, grausam wie in einer griechischen Tragödie, die nicht davor zurückschreckte, ihren eigenen Sohn aus Machtgier zu ermorden, was ihr den Beinamen »Medea des Nordens« einbrachte. Viermal eroberte sie Hoch-Elten, viermal wurde sie von kaiserlichen Truppen verjagt. Bei einem Versöhnungsmahl soll sie ihre Schwester schließlich vergiftet haben. Vom Stift sind nur zwei Gebäude geblieben; die Kirche, mehrfach durch Brand, Sturm und Truppen zerstört, wurde in den 1960er Jahren wieder aufgebaut.

Adresse Lindenallee, Emmerich Hoch-Elten | **ÖPNV** Bus 92 und 94, Haltestelle Elten Berg | **Anfahrt** A 3, Ausfahrt Elten Richtung Elten, am Eltener Markt links auf Bergstraße und weiter auf Lindenallee bis Hoch-Elten | **Öffnungszeiten** ganzjährig | **Tipp** Sehenswert ist die vom historischen Marktplatz in Elten ausgehende Lindenallee nach Hoch-Elten mit altem Baumbestand.

8 Kilometer 852

Am Anfang einer Reise

Weltreisende wissen, dass es kaum etwas Aufregenderes gibt als eine Reise durch das eigene Land. Man kommt gewissermaßen aus dem Staunen nicht mehr heraus. Denn häufig genug ist man angenehm überrascht, weil Dinge und Orte zu sehen sind, die man nicht erwartet hätte. Das Fernweh lenkt die Blicke naturgemäß hinter den Horizont, und was direkt und distanzlos vor der eigenen Haustür liegt, wird zum weißen Fleck, zu einem unbekannten Land.

Der Autor und Reisende Wolfgang Büscher hat eines der besten, intensivsten und erfolgreichsten Bücher über Deutschland geschrieben (»Deutschland, eine Reise«). Diese Reise führt um Deutschland herum, an seinen alten und neuen Grenzen entlang, um von dieser Außensicht sein Inneres und sein wahres Wesen zu erkennen.

Büscher hatte die wunderbare Idee, seine Reise mit einem Sprung in den Rhein zu beginnen, in den deutschesten aller Flüsse, der lange Zeit nicht nur »Deutschlands Strom«, sondern auch »Deutschlands Grenze« war. Schwimmen im Mythos, mit und gegen den Strom, der wie das Gold der Nibelungen in der untergehenden Sonne glänzt, aber dessen nüchterne Alltäglichkeit heute auch durch die vielen Containerschiffe und Schubverbände symbolisiert wird, die ihn befahren.

An Kilometer 852, in den Wiesen gegenüber der Emmericher Promenade, wartete Büscher den Moment ab, da die Schiffe genügend Abstand zueinander hatten und er den Versuch wagen konnte, von einem Ufer ans andere zu schwimmen. Der Sprung ins kalte Wasser und das Abenteuer seiner Deutschlandreise begannen mit zeitnaher Symbolik und auch mit einer kalkulierten Ernüchterung: Weit abgetrieben hinter die »Germania Ölwerke« ging Büscher in dieser mit viel Geschichte befrachteten Stadt an Land, die 1.000 Jahre alt sein müsste, aber wiederaufgebaut in ihrer heutigen Wirklichkeit kaum älter als der Autor ist.

Adresse Rheinufer gegenüber der Rheinpromenade in Emmerich | **Anfahrt** A 3, Ausfahrt Emmerich, B 220 über den Rhein, links auf Oraniendeich, Fußweg zum Rheinufer | **Öffnungszeiten** ganzjährig | **Tipp** Die Emmericher Rheinbrücke ist nicht nur eines der beliebtesten Fotomotive der Region, sondern mit einer Spannweite von 500 Metern die längste Hängebrücke Deutschlands.

9___ Onder de Poort

Eine verhängnisvolle Affäre

In der Herberge »Onder de Poort« stieg im Dezember 1691 der Kurfürst von Brandenburg, Friedrich III., der spätere erste König von Preußen ab. Der Kurfürst war 33 Jahre alt, in zweiter Ehe mit Prinzessin Sophie von Hannover vermählt und ein Mann, der in keinem Detail den Klischees entsprach, mit denen die Preußen später leben mussten. Friedrich war durchaus barock, verschwenderisch, ein Mann, der den Luxus liebte und der in seinen Allmachtsphantasien aus seinem Fürstentum ein europäisches Königreich machen wollte.

Es war ein Moment von nicht zu ahnender historischer Bedeutung, als die 17-jährige Katharina, Tochter des Wirts und Zollbevollmächtigten Christoph Ryckers, dem Kurfürsten begegnete. Friedrich war unmittelbar begeistert. Statt einer Nacht blieb er fast zwei Wochen am Niederrhein und soll mit dem hübschen Mädchen die schönsten Stunden seines Fürstenlebens verbracht haben. »Ich wäre kein Mann, wenn ich den Kurfürsten nicht verstehen würde«, schrieb der englische Gesandte Lockwood an den Hof nach London.

Der Fürst fand einen eleganten Weg, um das Mädchen immer in seiner Nähe zu haben: Er verheiratete sie mit einem ihm ergebenen Grafen. Für seine auch nächtlich bezeugte Loyalität wurde der Graf ordentlich entlohnt. Ihren zweiten Mann, den Grafen Westerberg, erhob Friedrich sogar in den Reichsgrafenstand und machte ihn zu einem der einflussreichsten Männer des neuen Königreichs.

Katharina wurde als angeheiratete Reichsgräfin eine mächtige Frau in Preußen, und erst diverse Skandale zwangen sie schließlich, das Land für immer zu verlassen. Der König soll beim Abschied geweint haben.

Mit der Zerstörung Emmerichs im Oktober 1944 verschwand auch die historische Herberge »Onder de Poort« neben dem ehemaligen Krantor. Eine Gastwirtschaft gleichen Namens und ein Durchlass durch die Häuserfront an der Promenade erinnern, wenn auch etwas dünn, noch heute an diese architektonische Konstellation.

Adresse Rheinpromenade 24, Emmerich | **ÖPNV** SB 58, bEm, Bus 90, 91, 92, 93, 94, Haltestelle Neuer Steinweg | **Anfahrt** A 3, Ausfahrt Emmerich, B 220 Richtung Zentrum, bei Steintor links zum Geistmarkt (Parkplätze), Fußweg zur Rheinpromenade | **Öffnungszeiten** ganzjährig | **Tipp** Die evangelische Christuskirche am Geistmarkt wurde von 1688 bis 1715 von dem Amsterdamer Architekten Arnold van der Leen in ihrer symmetrischen Strenge und Größe nach dem Vorbild der Oosterkerk in Amsterdam gebaut.

10__Die Promenade

Gehen, ohne sich gehen zu lassen

Der unglücklichste Tag in der Geschichte Emmerichs war der 7. Oktober 1944. Etwa 750 Flugzeuge warfen eine halbe Stunde lang Brand- und Sprengbomben auf die Stadt. Nachmittags um halb drei war Emmerich nur noch eine markerschütternde Erinnerung.

Emmerichs städtische Geschichte hatte mit der Stadterhebung 1233 begonnen und war im Oktober 1944, so musste es britischen Piloten und deutschen Überlebenden erscheinen, für immer beendet. 90 Prozent der Stadt waren zerstört oder zumindest so stark beschädigt, dass ein späterer Wiederaufbau, wenn überhaupt daran zu denken war, eher einem Neubau geglichen hätte. Mit in den Trümmern lagen die bürgerliche Gesellschaft und ihre nun untauglichen Ideale.

Das frühe merkantile Bewusstsein, das den Aufschwung der goldenen Jahre erst ermöglicht hatte, manifestierte sich nicht nur in den repräsentativen Bauten der Kaufleute, ihrer Handelskontore und der reichen Kirchenausstattungen. Es zeigte sich auch in einem entsprechenden Lebensstil. Eine Neuerung, die heute wegen ihrer Banalität als solche kaum noch zu würdigen ist, war der bürgerliche Spaziergang. In seinen Ursprüngen imitierte er das adlige Lustwandeln und verlegte es von den geschlossenen Parks der Königs- und Fürstenschlösser in die offenen Promenaden der Bürger. Diese Spazierwege wurden um die Städte herum und vor allem entlang ihren schönsten Schauseiten angelegt, mit weitem Blick in die Natur, der ein Sinnbild für die Freiheit sein sollte, den die alte feudale Gesellschaft verstellt hatte.

Das Spazierengehen, klassischerweise nach dem sonntäglichen Essen, war eine kurzweilige Verbindung von Erholung und Präsentation, ein angenehmer Zeitvertreib, den sich der arbeitsame Bürger erlauben konnte. In Gesellschaft war das Gehen besonders schön und ein gemeinschaftskräftigendes Ritual. In Emmerich hat es sich sonntags trotz aller Wandlungen zwischen St. Martini und der Pegeluhr in reiner Form bis heute erhalten.

Adresse Rheinpromenade, Emmerich | **ÖPNV** SB 58, bEm, Bus 90, 91, 92, 93, 94, Halte-stelle Neuer Steinweg | **Anfahrt** A 3, Ausfahrt Emmerich, B 220 Richtung Zentrum, bei Steintor links zum Geistmarkt (Parkplätze), Fußweg | **Öffnungszeiten** ganzjährig | **Tipp** Die bronzene »Hüsch-Weide« auf der Promenade, von Hüsch-Freund und Künstler Hein Driessen gestaltet, ist je nach Wetterlage kaum vom niederrheinischen Original zu unter-scheiden.

11 __ St. Martini

Nah am Wasser gebaut

Rückblickend kann man sagen, dass dieser Kirche nichts erspart geblieben ist. In ihrer 1.300-jährigen Geschichte wurde sie vom Hochwasser weggerissen, von Feuer zerstört, von Osten nach Norden gedreht, von Menschen geplündert, beschlagnahmt, bestohlen, kurz vor ihrer Tausendjahrfeier um ein Haar verkauft und schließlich von so vielen Bomben getroffen, dass kaum ein Stein auf dem anderen blieb.

Dabei hatte alles so schön angefangen. Ihr erster Bau wurde am 11. März 700 vom heiligen Willibrord geweiht, der vom Papst mit Reliquien beschenkt und wenige Jahre zuvor in Rom zum ersten Bischof von Utrecht geweiht worden war. Mit Reisebischof Willibrord, dem »Apostel der Friesen«, begann die große angelsächsische Missionsbewegung, in deren Folge auch die Heiligen Suitbertus und Bonifatius, der »Apostel der Deutschen« und Fäller der den Sachsen heiligen Donar-Eiche, unterwegs waren.

Mit der Arche, dem vergoldeten Reliquienschrein, im Gepäck traf Willibrord vermutlich 697 in Emmerich ein, dem Jahr, in dem er auch das heute weltberühmte Kloster im luxemburgischen Echternach gegründet hatte. Bei der Weihe der ersten Emmericher St.-Martini-Kirche legte Willibrord eine geweihte Hostie in die Arche, die 911 Jahre später, am 28. Oktober 1611, von Bischof Sasbold Vosmeer, der in der kirchenpolitischen Auseinandersetzung mit den Jesuiten einen besonderen Sinn für Effekte entwickelt hatte, feierlich verzehrt wurde. Die Arche gehört trotz dieses Verlustes zu den großen niederrheinischen Kunstschätzen.

Die Schatzkammer von St. Martini ist seit einigen Jahren sichtbarer Bestandteil des Kircheninnenraums. Hinter Panzerglas stehen goldglänzend wertvolle und kunstgeschichtlich bedeutende sakrale Werke, unter anderem ein Armreliquiar des heiligen Martin und eine silbergetriebene und teils vergoldete Reliquienstatue aus dem 15. Jahrhundert.

Adresse Martinikirchgang 3, Emmerich | **ÖPNV** bEm, Haltestelle Alter Markt | **Anfahrt** A 3, Ausfahrt Emmerich, B 220 Richtung Zentrum, bei Steintor links zum Geistmarkt (Parkplätze), Fußweg | **Öffnungszeiten** täglich, Hl. Messe Di und Do 8 Uhr, Mi 9 Uhr, Fr 18 Uhr, Sa 17 Uhr | **Tipp** Das Rheinmuseum am Martinikirchgang 3 zeigt mit über 150 Schiffsmodellen, Werftnachbauten und beeindruckenden Präparaten der Rheinfische das Leben auf und im Wasser.

12 __ Das Steinkreuz

Ein perfekt vergessener Mord

Kreuze am Niederrhein sind an sich nichts Ungewöhnliches; man begegnet ihnen häufiger als in anderen Gegenden, und in früheren Zeiten war kaum ein Schritt möglich ohne Kniefall und Gebet. Als historische Wegkreuze stehen sie auch heute noch an alten Handelsstraßen und als denkmalgeschützte Hagelkreuze tief in den Feldern – unübersehbare Zeichen des Glaubens, der Liebe und der Hoffnung.

Das große Steinkreuz auf der Wiese an der Eltener Straße, Ecke Wardstraße erinnert allerdings an einen Mord: »Int jaer des heren MCCCCLXXXIII wart hier doet geslagen jan bongardt bidt voer die siel.« Eine Tafel vor dem Kreuz übersetzt ins Hochdeutsche: »Im Jahre des Herrn 1483 wurde hier tot geschlagen Jan Bongardt. Bete für die Seele.«

Trotz dieser beständigen in Stein gemeißelten Erinnerung wurde Jan Bongardt vergessen. Niemand weiß mehr, wer er eigentlich war. Auch sein Mörder ist heute unbekannt, und vielleicht war er es damals schon. Das fast drei Meter hohe Kreuz lässt aber zumindest darauf schließen, dass der Erschlagene und seine Hinterbliebenen nicht unvermögend waren, was spätere spekulative Generationen auf die zwingende Idee brachte, dass der Mörder arm gewesen sein muss.

Logisch lässt sich eine solche Vermutung natürlich nicht aufrechterhalten, sozialromantisch und pädagogisch allerdings schon. Deshalb nahmen Pädagogen an, das Opfer sei Schüler in Emmerich gewesen, ebenso wie sein Mörder. Und der soll Hunger gehabt haben. Vermutlich ging es um ein Pausenbrot. Lehrer können ein Lied davon singen. Eine Vertiefung im Sockel des Kreuzes soll, weiß der Himmel, warum, ebenfalls ein versteckt direkter Hinweis darauf sein. Auch wenn man zu dieser Annahme die Kombinationsschärfe von Sherlock Holmes und Doktor Watson gemeinsam braucht, wurde die Geschichte rüpelhaften Schülern erzählt, mit der nicht von der Hand zu weisenden Moral, dass man Menschen nicht einfach so in der Pause erschlägt. Zumindest nicht in Emmerich.

Adresse Eltener Straße (B 8), am Abzweig Wardtstraße, Emmerich-Hüthum | **ÖPNV**
Bus 94, Haltestelle Ingenkampstraße | **Anfahrt** A 3, Ausfahrt Emmerich, B 220 Richtung
Zentrum, rechts auf Eltener Straße (B 8), im Ortsteil Hüthum links auf Wardter Straße;
das Kreuz steht an der Abzweigung | **Öffnungszeiten** ganzjährig | **Tipp** Das kleine
Schlösschen Borghees an der Hüthumer Straße aus der ersten Hälfte des 18. Jahrhunderts
ist Außenstelle des Emmericher Standesamtes, Kulturzentrum und Ausflugscafé.

13__Die »Alte Bürgermeisterei«
Weiße Spitzen

Vermutlich wurde Spargel schon vor 2.000 Jahren von den Römern am Niederrhein angepflanzt, denn der römische Schriftsteller und Konsul Cato der Ältere erläuterte bereits 150 v. Chr. ausführlich und kenntnisreich, wie man ihn am besten anbaut.

Als die Römer sich verabschiedet hatten, wurde auch der Spargel bald vergessen und tauchte nur noch als Heilmittel in Kräuterbüchern auf. Erst im 17. Jahrhundert fand er zurück auf die Tische der Reichen, denn wer auf sich und gesellschaftliche Rangordnung hielt, speiste immer teuer und exklusiv. Bis heute gilt Spargel deshalb als Feine-Leute-Essen, und erst die mehr oder weniger verdeckten Importe aus sandigen Ostländern bringen ihn auch auf einfache Tische.

Witterungsabhängig von Anfang oder Mitte April bis Ende Juni und manchmal noch darüber hinaus ist es am Niederrhein fast unmöglich, etwas zu essen, das nicht in der einen oder anderen Form von Spargel begleitet wird. Die Spargelzeit wird meist durch sündhaft teure Frühstangen angekündigt, die von unruhigen Spargelfreaks bezeichnenderweise als »weißes Gold« nach Hause getragen werden. Anschließend werden sie Zeugen eines beständigen und manchmal sensationellen Preisverfalls, der nur mit krassen Talfahrten an der Börse zu vergleichen ist. Spargelpreise sind Gesprächsthema wie das Wetter. Zur Haupterntezeit im Mai hat man sich für gewöhnlich schon am Spargel satt gegessen, und traditionelle Esser, die ihn nur solo genießen, würden ihn nach Johanni, dem letzten Erntetag am 24. Juni, so oder so nicht mehr anrühren.

Die »Alte Bürgermeisterei« gehört zu den besten und renommiertesten Restaurants am Niederrhein. In ihren historischen Räumen kann man Spargel in einem mehrgängigen Menü von der Vorspeise bis zum Dessert, alles auf Spargelgrundlage, essen und erfahren, was Spitzenköche aus weißem, grünem und violettem Spargel alles herauskochen können.

Adresse Walbecker Straße 2, Geldern-Walbeck | **ÖPNV** Bus 35, SL 8, Haltestelle Berg-
steg | **Anfahrt** A 57, Ausfahrt Alpen Richtung Geldern, auf B 58 und B 9, in Veert links
auf Walbecker Straße oder A 40, Ausfahrt Straelen, auf B 221 bis Straelen, dann links auf
Arcener Straße, rechts auf Kevelaer Straße (L 361) bis Walbeck, links auf Walbecker Stra-
ße | **Öffnungszeiten** Mi–So 12–14 und 18–22 Uhr | **Tipp** Das imposante »Weiße Haus«
von 1625 neben der Pfarrkirche St. Nikolaus wurde ursprünglich als Pilgerhaus und später
als Pfarrhaus genutzt.

14___Die Steprather Mühle

Wieder unter Wind

Etwa 170 Windmühlen sind am Niederrhein noch in irgendeiner Form erhalten – als Ruinen, Lagerräume, Gaststätten oder Wohntürme. Was so gern als niederrheinisches Wahrzeichen folkloristisch aus einer anderen Zeit über die Felder winkt, ist oft in einem erbarmungswürdigen Zustand: flügellos und ohne Haube, sinnlos eingemauert oder kurios verglast. Nur wenige Mühlen sind als Kultur- und Industriedenkmäler überhaupt noch in Betrieb, und auch nur dann, wenn sie nach einem langen Schlaf von Enthusiasten wieder wachgeküsst wurden. Auch die Steprather Mühle kam erst ins Leben zurück, als ihre alten Liebhaber 1990 einen Verein zu ihrer Förderung gründeten. Nach fünf Jahren und ungezählten ehrenamtlichen Arbeitsstunden nahm sie ihren Betrieb wieder auf.

Die 1452 von Freiherr Heinrich Schenk von Nydeggen erbaute Turmwindmühle gehörte zu den ersten im Rheinland, die mit einer drehbaren Haube ausgestattet waren. Das hob die Effektivität gewissermaßen in den Himmel, denn jetzt war es gleichgültig, aus welcher Richtung der Wind wehte. Diese technischen Wunderwerke verloren erst im 19. Jahrhundert an Bedeutung, als Dampfmaschinen und Motoren andere und größere Mühlen ganz unabhängig vom Wetter betreiben konnten. Die Steprather Mühle soll es immerhin bis in die Mitte des 20. Jahrhunderts geschafft haben, bevor der letzte Müller, Bartholomäus Brauwers, ihr den Wind aus den Flügeln nahm.

Die ursprünglichen Pläne des Fördervereins, nicht nur zu mahlen, sondern auch gleich weiterverarbeitend das Brot zu backen, ließen sich nicht ganz realisieren. Das neue Backhaus war nur kurz in Betrieb und rechnete sich nicht, aber das Mehl, das in der Steprather Mühle (benannt übrigens nach einem frühen Besitzer, Dietrich von Steprath) heute wieder gemahlen wird, kann man kaufen, auch Brot und Marmeladen, Honig, Würste, Griebenschmalz und eine hochprozentige Kreation, die sich »Mühlengeist« nennt.

Adresse Schmalkuhler Weg 5, Geldern | **ÖPNV** Bus SL 3, Haltestelle Schmalkuhler Weg |
Anfahrt A 57, Ausfahrt Alpen Richtung Geldern auf B 58 und B 9, in Veert links auf
Walbecker Straße ins Zentrum, rechts auf Schmalkuhler Weg oder A 40, Ausfahrt Straelen, auf B 221 bis Straelen, L 361 bis Walbeck, links auf Walbecker Straße ins Zentrum,
rechts auf Schmalkuhler Weg | **Öffnungszeiten** 1. April bis 31. Okt. Mo–Fr 14–18 Uhr,
Sa, So und feiertags 10–18 Uhr, 1. Nov. bis 31. März nur Sa 10–13 Uhr | **Tipp** In der Spar-
gelsaison ist das Spargelmuseum in den Räumen des alten Feuerwehrhauses in der Nähe
der Mühle geöffnet. Informiert wird über die Geschichte des Spargelbaus in Walbeck.

15 _ Das Arnold-Janssen-Haus
Der letzte Heilige

Vermutlich liegt es am fabulösen Religionsunterricht oder an der Einsicht in die Notwendigkeit, religiöse Ereignisse besonders dramatisch darstellen zu müssen: Heilige sollen jedenfalls, so ist die landläufige Auffassung, erst durch die Hölle körperlicher Qualen gehen, bevor sie in den Himmel und als Vorbilder wieder zurück auf die Erde kommen. Man stellt sie sich meistens geteert und gefedert vor, zumindest von Pfeilen durchbohrt oder enthauptet, aber immer standhaft und beseelt. Der heilige Arnold Janssen erlitt im Leben und Sterben vermutlich ganz alltägliche und menschliche Qualen, vor denen niemand gefeit ist. Er starb mit 72 Jahren im Bett.

Geboren wurde er am 5. November 1837 als Sohn eines Fuhrmanns. Der besonders begabte Junge ging als einer der ersten Schüler in das Collegium Augustinianum in Gaesdonck, studierte später Philosophie, Mathematik und Theologie und wurde am 15. August 1861 mit erst 23 Jahren zum Priester geweiht. Arnold Janssen ist der Begründer der weltweit agierenden Steyler Mission, einem Werk, das heute in etwa 60 Ländern mit mehr als 10.000 Missionaren und Missionarinnen vertreten ist. Sein Geburtshaus ist schlicht, fast karg und mit nur wenigen überlieferten Ausstellungsstücken zurückhaltend museal. Es sieht dort aus wie in einem aufgeräumten Pfarrhaushalt; leider lässt nichts mehr davon ahnen, dass der letzte Heilige vom Niederrhein in einer lauten Großfamilie mit sieben Geschwistern und den Knechten seines Vaters aufwuchs.

Er war ein körperlich kleiner Mann. Vielleicht auch ein Exzentriker, was am Niederrhein gelegentlich vorkommt und auch nicht überrascht, wenn man bedenkt, dass die ersten Missionare aus England kamen und ihnen eine gewisse Exzentrik wie dem heiligen Bonifatius, dem »Apostel der Deutschen«, mit in die Wiege gelegt wurde. Arnold Janssen schlief in seinem Schreibtisch, unter der Schreibplatte – also in einem metaphorischen Sinn inmitten seiner Arbeit, zwischen seinen Ideen und Worten.

Adresse Frauenstraße 8, Goch | **ÖPNV** SL 11, SL 12, SL 13, SL 17, SL 18, Bus 47 und 74, Haltestelle Markt | **Anfahrt** A 57, Ausfahrt Goch auf B 67, links auf Südring, rechts Richtung Markt (Parkplätze) | **Öffnungszeiten** Di–Fr 10–17, Sa–So 11–17 Uhr | **Tipp** Das 1550 erbaute »Haus zu den fünf Ringen« in der Nähe des Markts, Steinstraße 1, ein imposanter dreistöckiger Backsteinbau mit Stufengiebeln, gilt als eines der schönsten Patrizierhäuser am Niederrhein.

16 Kloster Graefenthal

Nichts bleibt!

Es ist eine schöne Idee gewesen, die der Düsseldorfer Hofgärtner Maximilian Friedrich Weyhe hatte, als er Anfang des 19. Jahrhunderts nach der Säkularisation des Klosters vom neuen weltlichen Besitzer beauftragt wurde, die Anlagen und den Klosterpark neu zu gestalten. Weyhe wollte das unter freiem Himmel stehende Hochgrab Ottos II. von Geldern auf eine kleine Insel in eine englisch inspirierte Parklandschaft setzen, ähnlich dem Grabmal des französischen Philosophen Jean-Jacques Rousseau (1712–1778) in Ermenonville bei Paris.

Auch wenn vom Grafen Otto keine philosophischen Gedanken oder bewegenden Worte überliefert sind, so wäre doch allein der Anblick seines erhöhten Grabes in einer naturnahen Parklandschaft Anlass genug gewesen, sich Gedanken über das Leben und Sterben zu machen. Aber aus Weyhes Plänen wurde leider nichts, und Graefenthal dämmerte in einem Zustand der Ratlosigkeit und Unentschiedenheit dahin, der erst heute mit Hilfe neuer Initiativen beendet wird. In den Restbeständen des alten Zisterzienserinnenklosters etabliert sich gerade die »Euregionale Bildungs- und Kulturakademie«, die Kurse zur deutsch-niederländischen Kultur und Geschichte anbietet.

Die Stiftung und Gründung des Klosters 1248 ging vermutlich auf Margaretha von Kleve zurück, die Gattin Ottos II. Graefenthal wurde zu einer hochadligen Klosteranlage ausgebaut, geschützt und gefördert durch den Papst, der zur nachhaltigen Finanzierung den lukrativen Ablasshandel erlaubte. In den folgenden fast 200 Jahren wurde Graefenthal zur Grablege der geldrischen Herzöge: 13 Grafen und Herzöge wurden hier bestattet. Einzig erhalten und nachweisbar ist die Tumba Ottos II. Dessen stark verwittertes Grab, das heute unter einem schlichten Holzdach steht, war an dieser Stelle ursprünglich vom Chor der Klosterkirche überbaut. Die Liegefigur des Grafen, der in Stein gemeißelt ein Bild von seiner männlichen Schönheit und Macht gegeben hatte, ist ebenso verschwunden wie die Kirche, in der er ruhte.

Adresse Maasstraße 48–50, Goch | ÖPNV Bus SL 11, Haltestelle Graefenthal | Anfahrt A 57, Ausfahrt Kleve, B9, links auf Asperdener Straße, rechts auf Maasstraße; das Kloster ist ausgeschildert | Öffnungszeiten ganzjährig; Klostercafé täglich von März bis Sept. und an allen Wochenenden 9–21 Uhr, Okt. bis März Mo–Do 11–19 Uhr | Tipp In der Nähe des Klosters liegen der Kesseler See und das Freizeitzentrum »Goch Ness« mit Naturfreibad und Wasserlandschaft.

17___Das Freilichtmuseum
Aus dem richtigen Leben

Man muss schon aufpassen. Denn die Menschen früher waren klein, kaum größer als heranwachsende Kinder, und entsprechend niedrig sind die Türbalken. Gut umpolstert stören sie das authentische Bild der alten Bauernhäuser ein wenig, aber so wird das Schlimmste immerhin verhindert. Gegenwartsmenschen stoßen sich nämlich ständig den Kopf, da sie grundsätzlich verinnerlicht haben, dass sich Rahmenbedingungen immer ihnen anzupassen haben. Der Schritt aus den Katen und Werkstätten wieder heraus ins Licht bekommt also vielleicht einen irritierenden Dämpfer.

Überhaupt sind die Gefühle und Gedanken der Besucher durchaus zwiespältig. Viele Räume sind so eingerichtet, dass man glauben könnte, die Bewohner seien nur mal eben nach draußen aufs Feld gegangen oder in den nahen Stall, um dort die Hühner zu füttern, die man gerade noch fotografiert hat. Man steht also wie bei Fremden in der Küche und wirft neugierig, vielleicht auch etwas verlegen einen Blick auf einen halb gedeckten Tisch oder in ein klammfeuchtes Schlafzimmer. Im Bett liegt eine Holzpuppe, zugedeckt bis zur Nasenspitze. Richtige Menschen, die ins Bild passen, gibt es nur bei Veranstaltungen zu sehen, wenn Handwerker zeigen, wie man Pferde beschlägt, Körbe bindet oder Dächer deckt. Die anderen Mitarbeiter tragen, wie die Besucher, für gewöhnlich Jeans und Sneakers.

Die Menschen, die in diesen am Niederrhein gesuchten und hierhin versetzten Häusern lebten, sind von uns zumindest rechnerisch nicht sehr weit entfernt. Auch wenn manche Häuser aus dem 17. Jahrhundert stammen, wurden sie bis ins 20. hinein bewohnt, und der gut gemachte, handliche Museumskatalog zeigt Bilder ihrer früheren Standorte und ihrer teils erbärmlichen Zustände.

Gruppiert sind die Häuser, Werkstätten und Höfe um die unversetzte Dorenburg, ein Wasserschloss aus dem frühen 17. Jahrhundert. In ihrer großen Scheune ist heute, zur Ergänzung der Freilichtanlage, ein sehr schönes Spielzeugmuseum untergebracht.

Adresse An der Dorenburg 28, Grefrath | **ÖPNV** Bus 19 und 62, Haltestelle Eissportzentrum | **Anfahrt** A 40, Ausfahrt Wankum/Grefrath, auf L 39 bis Grefrath, Ausschilderungen zum Freilichtmuseum oder A 61, Ausfahrt Nettetal Richtung Nettetal auf L 373, auf B 509 rechts nach Grefrath, dort links auf Bahnstraße und weiter auf Stadionstraße (Parkplatz des Museums) | **Öffnungszeiten** Di–So, 13.–31. März 10–16 Uhr, 1. April bis 31. Okt. 10–18 Uhr, 1.–21. Nov. 10–16 Uhr, Winterschließung 22. Nov. bis 12. März | **Tipp** Das Eissportzentrum in der Nähe des Freilichtmuseums hat von Ende September bis März Eislaufsaison und in der eisfreien Zeit ein sattes Programm von Volksmusik bis Zirkusgastspielen.

18__Burg Hülchrath

Mit Hexen und Werwölfen

Eine Burg wie aus dem Bilderbuch, fast unversehrt und, wie es auf den ersten Blick scheint, noch vollständig erhalten. Dabei ist sie in ihrer heutigen, abgespeckten Erscheinung ein Produkt des späten 19. Jahrhunderts, als im Zuge des aus England kommenden »Gothic Revivals« die Burgen und Ruinen des Mittelalters romantisch umgebaut wurden.

Die früher wesentlich größere Anlage wurde bereits im 12. Jahrhundert bezeugt und während der folgenden Jahrzehnte zu einer fast uneinnehmbaren Festung ausgebaut. Umgeben von Sümpfen und gesichert durch starke Wehranlagen sorgte sie als kurkölnische Landesburg dafür, dass die Kurfürsten und Erzbischöfe von Köln im sensiblen Machtgefüge am Niederrhein mitmischen konnten.

Populär wurde sie, als Gebhard Truchseß von Waldburg, Erzbischof von Köln, 1582 seinen Übertritt zur evangelischen Lehre erklärte und seine langjährige Geliebte, die Gerresheimer Stiftsdame Agnes Gräfin von Mansfeld, öffentlich heiratete. Das rief Kaiser, Papst und das katholisch gebliebene Köln auf den Plan. Es begann der nach Gebhard benannte Truchsessische Krieg (1583–1588). Als feindliche Truppen die Burg einnahmen, flüchteten der ehemalige Erzbischof und seine Frau durch einen Geheimgang in die Sümpfe und von dort zu den Niederländern, die Gebhard unterstützten. Nach dem Truchsessischen Krieg kam es zwischen 1590 und 1630 im Zuge der Rekatholisierung zu zahlreichen Hexenprozessen auf der Burg.

Gegen Ende der nationalsozialistischen Herrschaft in den 1940er Jahren wurden auf Hülchrath Einheiten des sogenannten »Werwolfs« ausgebildet, der von Hitler und Himmler dazu bestimmt war, hinter den feindlichen Linien der Alliierten eine Art Guerillakrieg zu führen.

Groß und imposant wirkt sie noch immer, wenn man an ihren Mauern hinauf zum Bergfried sieht, dem mächtigen Turm, auf dem die Wetterfahne noch das Kreuz der Erzbischöfe von Köln zeigt.

Adresse Schloss Hülchrath 1, Grevenbroich | **ÖPNV** Bus 866 und 877, Haltestelle Schloss Hülchrath | **Anfahrt** A 46, Ausfahrt Grevenbroich-Kapellen Richtung Kapellen (L 361), links auf Neusser Straße (L 261) Richtung Holzheim, rechts nach Kottenkamp Richtung Hülchrath; den Ausschilderungen folgen | **Öffnungszeiten** außen ganzjährig, innen nur zu Veranstaltungen; »Alte Burgschänke« Di–Fr ab 17, Sa ab 14 u. So ab 10 Uhr, Biergarten 1. Mai bis 1. Okt. | **Tipp** Das Kloster Langwaden in der Nähe von Hülchrath, seit 1964 wieder Standort des Zisterzienserordens, ist mit Biergarten und Klosterschenke auch ein schönes weltliches Ausflugsziel.

19__Kloster Marienthal

Im Windschatten der Moderne

Über etwa 1.000 Jahre lang waren sie so eng miteinander verbunden, dass die eine ohne die andere nicht denkbar war. Kirche und Kunst waren ein glänzendes und virtuoses Paar – unerhört reich, elegant, schön und vollkommen überzeugt von dem, was sie gemeinsam taten. Erst der Bildersturm infolge der Reformation und der Religionskriege konnte sie trennen. Es war ein langer und manchmal auch schmerzhafter Abschied. Mit dem Beginn der Moderne schien er endgültig vollzogen zu sein, aber die Sehnsucht, die alte, einst so glückliche Verbindung wieder neu zu beleben, besteht bis in die Gegenwart.

Anfang des 20. Jahrhunderts versuchten sich französische Schriftsteller und Künstler an einer Erneuerung des Katholizismus mit Hilfe der Kunst. Augustinus Winkelmann (1881–1954), der Pfarrer von Marienthal, hatte in Paris studiert und die Erneuerungsgedanken mit an den Rhein gebracht. Beeinflusst vom französischen Schriftsteller Paul Claudel und vom italienischen Religionsphilosophen Romano Guardini versuchte er, ein geistiges und religiöses Zentrum zu schaffen, das im Windschatten der Moderne verlorenes Terrain zurückgewinnen sollte.

Die 1345 erbaute spätgotische Klosterkirche des ältesten deutschen Augustiner-Eremitenklosters (heute ein Karmeliterkloster), 1253 gegründet und 1806 vom preußischen Staat übernommen, wurde ebenso wie die Mönchszellen und einige Gräber des Kirchhofs von Künstlern neu gestaltet. Heinrich Campendonk, Jan Thorn Prikker, Jupp Rübsam und Helmuth Macke arbeiteten in Marienthal. Die von Anton Wendling und Heinrich Dieckmann gestalteten Kirchenfenster wurden nach ihrer Einsetzung öffentlich debattiert wie vor einigen Jahren die Fenster von Markus Lüpertz und Gerhard Richter in Kölner Kirchen. Marienthal wirkte auch nach dem Tod Winkelmanns, der neben dem Kirchenportal, einem in Bronze geschaffenen »Credo« von Edwin Scharff, bestattet ist, auf die moderne sakrale Kirchenkunst der letzten Jahrzehnte.

Adresse An der Klosterkirche 8, Hamminkeln-Marienthal | **ÖPNV** Bus 72, Haltestelle Marienthal Kirche | **Anfahrt** A 3, Ausfahrt Wesel Richtung Schermbeck, links auf Postweg, dann halb rechts auf Marienthaler Straße bis Marienthal; das Kloster ist ausgeschildert | **Öffnungszeiten** Klosterkirche täglich | **Tipp** Das Restaurant »Carpe Diem« auf der Pastor-Winkelmann-Straße 5 setzt einen zeitgeistigen Akzent in das historische Ensemble: Im übersichtlich klaren Gastraum werden regionale und mediterrane Gerichte serviert.

20__Haus Esselt

Der Traum des Ruhelosen

Bereits in den 1920er Jahren, nach seiner Rückkehr von der damaligen Aussteiger- und Künstlerinsel Capri, hatte Otto Pankok mit seiner Familie in Drevenack gelebt. Aber erst 1958, also fast 30 Jahre später, konnte er Haus Esselt kaufen, einen Landsitz aus dem 17. Jahrhundert. Pankok war damals 65 Jahre alt und hatte gerade seine Lehrtätigkeit an der Düsseldorfer Kunstakademie beendet. Als Künstler, der immer im Kunstbetrieb dabei war, aber doch nie richtig dazugehörte, saß Pankok zwischen vielen Stühlen und Welten der Zwischenkriegsmoderne. Auf zahlreichen Reisen quer durch Europa hatte er seinen eigenen Weg zu finden gesucht, blieb aber in seiner humanistisch-sozialen Weltsicht und in seiner grafischen Ausdrucksweise ein Leben lang seinem Vorbild Vincent van Gogh verpflichtet.

Von den nationalsozialistischen Kunststürmern war Pankok als »entartet« diffamiert worden, was wirtschaftlich ruinös und vor allem lebensgefährlich sein konnte. Seine Arbeiten wurden während der Nazidiktatur beschlagnahmt und aus Galerien und Museen entfernt. Ein Großteil seines plastischen Werks verbrannte, als sein Düsseldorfer Atelier während eines Bombenangriffs zerstört wurde.

Trotz vieler Rückschläge und Verluste sind von Pankoks Werk heute etwa 5.000 großformatige Kohlebilder, 600 Holzschnitte und beinahe ebenso viele Radierungen erhalten geblieben. Die meisten Arbeiten besitzt das 1968 von seiner Witwe und seiner Tochter gegründete Otto-Pankok-Museum, also praktisch und mit wenigen Ausnahmen das gesamte Lebenswerk.

Das Museum befindet sich in Pankoks ehemaligem Atelier, dem alten und großräumigen Wirtschaftsgebäude von Haus Esselt. Der ungewöhnlich große Fundus ermöglicht immer wieder neue Wechselausstellungen und Sichtweisen, in denen Pankoks Werden und Wirken präsentiert wird. Die Otto-Pankok-Gesellschaft organisiert in unregelmäßigen Abständen kulturelle Veranstaltungen.

Adresse Otto-Pankok-Weg 4, Hünxe-Drevenack | **Anfahrt** A 3, Ausfahrt Wesel Richtung Schermbeck auf B 58, hinter Pedderberg links auf Postweg, dann links auf Am Bauernschott zum Otto-Pankok-Weg; das Museum ist ausgeschildert | **Öffnungszeiten** Fr, Sa und So 10–13 und 15–19 Uhr | **Tipp** Der über 130 Jahre alte »Landgasthof Voshövel« in der Nähe des Postwegs nach Haus Esselt hat sich durch viele Anbauten und zeitgeistige Angebote in ein Event-Landhotel verwandelt, in den alten Gasträumen aber ländlichen Charme bewahren können.

21 — Die Fleuthkuhlen

Zwischen Donken und Kendeln

Jemand hat sich freundlicherweise die Mühe gemacht, alle Gewässer zu zählen, die im Gebiet der Fleuthkuhlen zwischen Issum und Geldern zusammenhängen und diese bedrohlich im Verschwinden begriffene Landschaft prägen: Es sollen 45 sein, und wer sich über die Donken und Kendeln aufmacht, um eine der letzten abwechslungsreichen und naturnahen Kulturlandschaften am Niederrhein zu erkunden, muss also eventuell mit nassen Füßen rechnen. Wie auch andernorts am Niederrhein ist deshalb das Fahrrad das beste und rücksichtsvollste Mittel, um von einem Ort zum anderen zu kommen. Einige gut ausgebaute Wirtschaftswege erleichtern das Fahren auch bei Wind und Wetter.

Als Donken werden in dieser eiszeitlich geprägten Auenlandschaft die etwas höher gelegenen Plateaus bezeichnet, trockene Aufschüttungen und Ablagerungen, auf denen heute noch Landwirtschaft betrieben wird und auf denen die Höfe und Siedlungen liegen. Kendel sind Bäche oder mit ihnen zusammenhängende Wasserläufe und Rinnen, die unterhalb der Donken die Niederungen ent- und bewässern. Abhängig von Regen und vom steigenden oder fallenden Grundwasser verändert sich diese Kendellandschaft also ständig, was ihren besonderen Reiz ausmacht. In den Niederungen hat sie etwas Urtümliches, was vor allem daran liegt, dass sich größere Teile der Fleuthkuhlen einer landwirtschaftlichen Nutzung bis heute entziehen.

Diese letzten, nur schwer zugänglichen Minireservate, in denen an manchen Stellen noch die Restbestände alter Auenwälder auszumachen sind, bieten gemeinsam mit der traditionellen bäuerlichen Kulturlandschaft (die wie am gesamten Niederrhein gegenwärtig von einer modernen, monotonen und güllebelasteten Maisunkultur massiv bedroht wird) eine bemerkenswerte Vielfalt von seltenen Pflanzen und Tieren. Allein zwölf Fledermausarten, darunter auch der Große Abendsegler, regen die Phantasie abendlicher Wanderer an, wenn sie lautlos und schnell …

Adresse Gebiet zwischen Geldern, Issum und Kapellen | **ÖPNV** SL 4, Haltestelle Haus Beerenbrouck (an der L 89) | **Anfahrt** A 57, Ausfahrt Alpen Richtung Issum auf B 58, kurz vor Geldern rechts auf Beerenbrouckstraße (L 89) abbiegen; die Straße führt durch die Fleuthkuhlen | **Öffnungszeiten** ganzjährig | **Tipp** Der Heitkampsee nordöstlich von Geldern gilt als eines der fischreichsten Gewässer der Region mit Populationen von Karpfen, Hecht und Zander, Brasse, Schleie und Aal.

22__Garzweiler I

Das große Loch

»Der Weg lohnt sich!« Das ist das Versprechen, das Rheinbraun seinen Besuchern auf weiß-blauen Hinweisschildern gibt, die über lange, wunderbar ausgebaute Straßen zu den Aussichtsplattformen fahren. Warum es sich lohnt, wird nicht erläutert. Vermutlich spekulieren die Rheinbraun-Werbetexter darauf, dass die meisten Besucher begeistert und beeindruckt sein werden. Und nicht vor Entsetzen in Ohnmacht fallen angesichts dieser gigantischen und in Mitteleuropa vermutlich größten Umweltzerstörung. Vielleicht spekulieren die Energiekommunikationsspezialisten auf Gemüter, die große Bagger imposant finden.

Diese hier sollen immerhin 200 Meter lang sein. Wer hätte mit denen als Kind nicht gern gespielt? Sechs von ihnen haben ein 250 Meter tiefes und 20 Quadratkilometer großes Loch gebaggert, dessen weite Ränder von den Besucherplattformen aus kaum auszumachen sind. Eine Landschaft ist komplett verschwunden, und es lohnt sich, Überlegungen anzustellen, wie dieser immense Schaden wiedergutzumachen ist. Vermutlich überhaupt nicht. Allerdings hat Rheinbraun versprochen, in dieser von Naherholungsgebieten gesättigten Landschaft ein weiteres Naherholungsgebiet entstehen zu lassen, in dem alle Kohlendioxid-Geschädigten wieder nach Luft schnappen können. Im größten Loch Europas wird zumindest noch in den nächsten 35 Jahren Braunkohle abgebaggert, und deren Verbrennung garantiert ein Drittel der Kohlendioxid-Emissionen in Nordrhein-Westfalen. Angesichts der weltweiten Klimadebatte könnte man Garzweiler (benannt nach einem längst abgebaggerten Dorf) für einen sehr schlechten Witz halten – oder für das kaltschnäuzige Beispiel, dass Umweltversprechen durch gegenteilige Tatsachen einfach widerlegt werden können.

Es gehört zu den komplexen rheinischen Mysterienspielen, dass alle politisch Verantwortlichen irgendwann für das Loch und dann doch dagegen sind, bevor sie es sich wieder anders überlegen.

Adresse Aussichtspunkt Jüchen | **ÖPNV** DB Haltestelle Jüchen, ca. 500 Meter Fußweg | **Anfahrt** A 46, Ausfahrt Grevenbroich Richtung Grevenbroich, 1. Straße rechts zum Braunkohletagebau, auf Grubenrandstraße zur Besucherplattform (Ausschilderung) | **Öffnungszeiten** Besucherplattform ganzjährig | **Tipp** Schöner als das Original: Nördlich von Jüchen erstand Neugarzweiler in neuer Wohlhabenheit und mit Straßen, die sich u. a. »Unter den Linden« und »Garzweiler Allee« nennen.

23 Der Park von Schloss Dyck

Blaikies englischer Garten

Es liegt an seiner alten feudalen Grundstruktur, an den Kleinstaaten, den wechselnden Bündnissen durch Heirat und Diplomatie, den Erbstreitigkeiten, Grenzziehungen und nicht zuletzt an den vielschichtigen Ambitionen der damaligen Großmächte, dass es am Niederrhein fast ebenso viele Burgen, Schlösser und Herrenhäuser wie Kirchen zu geben scheint. Eines der schönsten und großartigsten ist zweifellos Schloss Dyck. Das Wasserschloss geht auf eine hochmittelalterliche Gründung zurück, wurde im 17. Jahrhundert runderneuert und von späteren Erben nach dem jeweiligen Zeitgeschmack verändert.

Begonnen hat die durch die Jahrhunderte fortgeführte Baugeschichte vermutlich mit Hermannus de Dicco im 11. Jahrhundert. Dessen Nachfahren waren wie er selbst streitbare Naturen, die aus ihren befestigten Inselburgen heraus die Gegend zu ihrem eigenen Nutzen unsicher machten.

Ganz dem friedvollen Leben und der Natur zugewandt war dagegen Fürst Joseph Franz Maria Anton zu Salm-Reifferscheidt-Dyck (1773–1861). Er engagierte schon als 21-Jähriger den schottischen Gartenarchitekten Thomas Blaikie, der aus dem ehemaligen barocken Schlossgarten einen der schönsten englischen Landschaftsgärten auf dem Festland machen sollte mit dem Ziel, »alle unter freiem Himmel im hiesigen Klima ausdauernden Bäume und Sträucher vollständig aufzunehmen und daraus ebenso viele lebende Monographien zu bilden«. Am Ende wurden es mehr als 200 teils seltene Baumarten, hauptsächlich aus Asien und Nordamerika, die Anfang des 19. Jahrhunderts gepflanzt wurden und noch heute fast ausnahmslos in ihrem schönsten Alter zu besichtigen sind.

Blaikies Anlage wurde später von den Gartengrößen Maximilian Friedrich Weyhe und Peter Joseph Lenné ausgebaut. Der Fürst selbst verfasste mehrere botanische Werke, von denen der 1834 erschienene »Hortus Dyckensis« alle im Schlosspark vorhandenen Pflanzen detailliert beschreibt.

Adresse Schlossallee, Jüchen | **ÖPNV** Bus 870, Haltestelle Jüchen Schloss Dyck |
Anfahrt A 46, Ausfahrt Grevenbroich-Kapellen Richtung Korschenbroich (L 361),
links auf Dycker Straße, den Ausschilderungen folgen | **Öffnungszeiten** Park: 21. März
bis 31. Okt. 10–18 Uhr, 1. Nov. bis 20. März 10–17 Uhr, Schloss: 21. März bis 31. Okt.
Di–Fr 14–18 Uhr, Sa, So und feiertags 12–18 Uhr, 1. Nov. bis 20. März Sa, So und feier-
tags 12–18 Uhr | **Tipp** Das »Dycker Weinhaus« an der Klosterstraße hat eine bis ins frühe
16. Jahrhundert reichende Geschichte als Wein- und Zollhaus und ist heute eine beliebte
Adresse bei Ausflüglern und Hochzeitsgesellschaften; schöner Biergarten.

24 Die Dorfkirche von Hanselaer

Im Idealzustand

Es sieht tatsächlich noch ungefähr so aus, wie Jan de Beyer die Kirche und das Dorf 1746 zeichnete. Eine, wie es scheint, zeitlose und unangekratzte Idylle, die als Gesamtensemble unter Denkmalschutz gestellt wurde.

Aber es gehört selbstredend zu jeder Idylle, dass hinter ihrem so friedlich anmutenden Augenschein ein Abgrund verborgen ist. Im Südeingang der Antoniuskirche erinnert eine schlichte Gedenktafel an Josef Lörks und 43 Opfer, Ordensbrüder und -schwestern, die gemeinsam am 17. März 1943 starben.

Lörks wurde 1876 in Hanselaer geboren, in Wien zum Priester und 1933 zum Bischof von Zentral-Neuguinea geweiht. Als Missionar der Steyler Mission bereiste er die Inseln und hatte, um effektiv arbeiten zu können, das von ihm entworfene Missionsschiff »Stella-Maris« bauen lassen, das er selbst als patentierter Kapitän steuerte. Vielleicht lag es an seinen nautischen Kenntnissen, vielleicht auch an einem ungeschickt versteckten Kassiber oder an dem Umstand, dass die Missionare verletzte amerikanische Piloten heimlich versorgten. Die Japaner jedenfalls hielten die Missionare für Spione, die die Positionen ihrer Schiffe an die Amerikaner verrieten. Am 17. März wurde Josef Lörks als Erster der Missionsgruppe auf dem japanischen Zerstörer »Akikaze« erschossen und ins Meer geworfen.

Wenn die Kirche nicht gerade verschlossen ist, kann man in ihr einige kunsthistorische Sehenswürdigkeiten bewundern, die man hier nicht unbedingt erwarten würde. Denn diese nur aus wenigen Höfen bestehende Gemeinde besitzt drei teilweise aufwendig geschnitzte wunderbare Altäre, die vermutlich von großen niederrheinischen Meistern gearbeitet wurden. Arnt van Tricht und Dries Holthuys werden als Künstler genannt, die auch für die Kirchen in Kalkar, Wesel und Xanten gearbeitet haben.

Adresse Spickstraße, Kalkar-Hanselaer | **ÖPNV** Bus SL 42 und 97, Haltestelle Hanselaer | **Anfahrt** A 3, Ausfahrt Rees, B 67 über den Rhein, rechts auf Rheinstraße Richtung Kalkar, links auf Spickstraße nach Hanselaer oder A 57, Ausfahrt Goch Richtung Kalkar auf B 67, rechts Richtung Xanten, links auf Rheinstraße und rechts auf Spickstraße nach Hanselaer | **Öffnungszeiten** außer zu den Gottesdiensten nur nach Absprache mit dem Pfarrbüro (Tel.-Nr. 02824/23 80) | **Tipp** Das Dorf Hanselaer hat sich als architektonisch und siedlungsgeschichtlich bedeutsames Ensemble erhalten können, ohne Freilichtmuseum zu werden, und wurde vor Kurzem komplett unter Denkmalschutz gestellt.

25__Das Kernwasserwunderland
Abenteuer im Kühlturm

Ihretwegen fanden wilde Schlachten statt. Bürgerinitiativen und eine neue Partei, die »Grünen«, wurden gegründet, der Staat ging mit Hundertschaften und Wasserwerfern in Stellung, und seine Bürger hielten untergehakt dagegen. Niemand wollte Atomkraft. Und nur wenige wollten den »Schnellen Brüter«: Im September 1977 fand eine der größten Demonstrationen in der Geschichte der Bundesrepublik in Kalkar statt. Eine Region war in Aufruhr und mit ihr die ganze Republik. Die AKW-Gegner sahen ihr Leben bedroht und vielleicht sogar schon bald beendet; die Befürworter träumten von unendlichem Stromfluss, der ihnen die Zukunft strahlender denn je erscheinen ließ.

Der »Schnelle Brüter« war der erste natriumgekühlte Reaktor, eine innovative Kraftmaschine, die direkt ins nächste Jahrtausend führen sollte. Unter extrascharfen Sicherheitsvorkehrungen wurde er schließlich 1985 fertiggestellt. Aber seine Inbetriebnahme stolperte über immer neue Verfügungen, Eingaben und Proteste, und als ein Jahr später das Atomkraftwerk im russischen Tschernobyl zum Mittelpunkt der Erde durchzuglühen drohte, kam für Kalkar auch das politische Aus. Der Abriss der milliardenschweren Fehlinvestition hätte mindestens weitere 150 Millionen Deutsche Mark gekostet, und so waren alle Beteiligten freudig erhitzt, als ein niederländischer Investor die ziemlich schräge, aber auch ganz menschenfreundliche Idee hatte, aus dem Kernkraftwerksgelände einen Vergnügungspark mit allem Drum und Dran zu machen.

Als die brisanten technischen Innereien verhökert waren, zogen Kettenkarussells, Wasserrutschen und Imbissstände ein. Das ehemalige Kraftwerkskorsett zwängt die Freizeitaktivitäten zwar etwas ein, bringt aber auch immer wieder neue Ideen hervor. So gibt es mittlerweile sechs Hotels auf dem Gelände, und die Betreiber träumen davon, dass Kurzreisende irgendwann nicht mehr nach Antalya, sondern nach Kalkar fliegen.

Adresse Griether Straße 110, Kalkar | **ÖPNV** Bus 48 und 76, Haltestelle Hönnepel Kirche | **Anfahrt** A 3, Ausfahrt Rees Richtung Rees auf B 67 über den Rhein, bei Niederdorf rechts auf L 8 zur Griether Straße oder A 57, Ausfahrt Goch/Weeze Richtung Goch, B 67 Richtung Kalkar, links abbiegen auf Rheinstraße (L 41), dann links auf Griether Straße (den Ausschilderungen folgen) | **Öffnungszeiten** Mitte April bis Anfang September und in den Schulferien täglich 10–18 Uhr | **Tipp** In der Nähe, im Dorf Hönnepel, sind noch Reste der alten Burg Hönnepel aus dem 14. Jahrhundert zu sehen.

26 Der Marktplatz
Gut betucht

Das architektonische Gesamtensemble, das den Kalkarer Markt während seiner bürgerlichen Blütezeit prägte, ist heute nicht mehr vollständig erhalten. Trotz vieler Veränderungen lässt sich der Platz in seiner grundsätzlichen Anlage nach mehr als 500 Jahren aber noch als der identifizieren, den Jan Joest Anfang des 16. Jahrhunderts malte.

Auf dem ungewöhnlich realistischen Altarbild »Auferweckung des Lazarus«, das in der am Markt gelegenen Kirche St. Nicolai zu sehen ist, bildet der Kalkarer Markt die Kulisse für das Wunder – sie zeigt spätgotische Bürgerhäuser, die Gerichtslinde und zentral im Hintergrund das Rathaus, das noch heute ungefähr so aussieht wie zu Joests Zeiten. Gebaut wurde das monumentale Rathaus von Johann Wyrenberg, dem Baumeister der klevischen Herzöge, und sollte Vorbild werden für viele spätere Rathäuser am Niederrhein und in den Niederlanden. Es war Tuch- und Fleischhalle, also auch das merkantile Zentrum der Stadt; in ihr befand sich die für alle Händler verbindliche Waage.

Das Rathaus soll das größte nördlich von Köln gewesen sein und zeigt die damals präsente wirtschaftliche Macht Kalkars. Weber, Tuchhändler und Bierbrauer hatten den Wohlstand der Stadt befördert. Kalkar lag, was den Eifer und Fleiß seiner Bewohner beflügelte, günstig am Schnittpunkt zweier bedeutender spätmittelalterlicher Handelsstraßen: Die eine verband Maas und Rhein, die andere führte von den Niederlanden nach Köln. Die letzten für uns noch greifbaren Hinterlassenschaften ihres einstigen wirtschaftlichen und kulturellen Reichtums zeigen die Schnitzaltäre in St. Nicolai.

Der Marktplatz von Kalkar gehört zu den schönsten am Niederrhein. Da die Stadt nicht wie andere am Ende des letzten Krieges völlig zerstört wurde, haben wir auch heute noch eine Ahnung, wie die Kleinstädte hier aussehen könnten, wenn sie nicht für ein paar Jahre Opfer einer umfassenden Unkultur geworden wären.

Adresse Markt, Kalkar | **ÖPNV** SL 42, Bus 44, 45, 46, 47, 48, 97, Haltestelle Kalkar Markt | **Anfahrt** A 57, Ausfahrt Goch/Weeze Richtung Goch, dann auf B 67 Richtung Kalkar, in Kalkar (Kreuzung B 57) auf Altkalkarer Straße Richtung Zentrum, Parkplätze am Markt | **Öffnungszeiten** ganzjährig | **Tipp** Unweit des Marktes befindet sich die Kalkarer Mühle, 1770 aus Abbruchmaterial eines Stadttores als höchste Mühle am Niederrhein erbaut. Sie ist als Kornmühle noch in Betrieb, in der Scheune wird selbst gebrautes Bier ausgeschenkt.

27 — Das Schifferdenkmal
Alles am Fluss

Heute leben die Niederrheiner bestenfalls am Fluss, manchmal mit und bei Hochwasser auch gegen ihn, aber nur noch sehr selten von ihm. Berufe, die unmittelbar mit dem Fluss zu tun haben, sind bei den Uferbewohnern eher museal und folkloristisch wie auch die Tätigkeiten, die das Leben am Fluss erforderte. Auf nostalgischen Jahrmärkten sind manchmal Rheinfischer zu bestaunen, die mit Holzschuhen, breit gestreiften Hemden, bretonischen Schals und Tabakspfeifen wie Ostfriesen aussehen.

Früher und vor ein paar Leben war das einmal anders, und wer unmittelbar und freiwillig an den Fluss zog, hatte auch direkt mit dem Fluss zu tun. Segensreich war er, aber auch gefährlich. Die Dörfer am Niederrhein waren bewohnt von Schiffern und Fischern, von Pferdebauern, die das Treideln der Schiffe übernahmen, sie also hoch und gegen den Strom, bei der »Bergfahrt«, zogen. Mit ihnen lebten die sagenhaft trinkfesten Knechte und die wohlhabenden Gastwirte, die diese Knechte versorgten.

Das Schifferdenkmal in Grieth erinnert an diese weit entfernte und in den Geschichtsbüchern verschwundene Zeit. Errichtet wurde es in den 30er Jahren des letzten Jahrhunderts, als die tiefschwarze Dämmerstunde des alten Europa eingeläutet wurde und noch ein letztes Mal der alten handwerklich geprägten Welt gedacht wurde, bevor sie unterging.

Dabei ist dieses Denkmal ganz unheroisch und untypisch für die damalige Zeit mit ihrem falschen und kitschigen Arbeitspathos. Mast, Glocke und Steuerrad wirken fast konzeptionell und ganz freundlich, bunte Wimpel und eine angedeutete Takelage, als läge es hier nur vorübergehend auf Reede.

Wenn man heute den prosaischen Containerschiffen hinterhersieht, fällt die Vorstellung schwer, dass auf dem Rhein seit den germanischen Einbäumen und den schnellen römischen Handelsflotten früher Menschen auf dem Fluss und von ihm lebten.

Adresse Schifferdamm, Kalkar-Grieth | **ÖPNV** Bus 48, Haltestelle Grieth | **Anfahrt** A 3, Ausfahrt Emmerich, B 220 über den Rhein, links abbiegen auf Oraniendeich (L 8) bis Grieth, links in Kirchhofstraße, Fußweg zum Schifferdamm | **Öffnungszeiten** täglich | **Tipp** Das kleine Heimatmuseum am Griether Markt, nur sonn- und feiertags geöffnet, zeigt Ausrüstung und Werkzeuge der Fischer und Rheinschiffer.

28 __ St. Nicolai

Die Wunder aus Holz

Es mag an einer angeborenen Bescheidenheit der Niederrheiner liegen oder an einer höflich-vornehmen, vielleicht auch kleinstädtisch geprägten Zurückhaltung, hoffentlich nicht an Gleichgültigkeit – aber stünde diese Kirche in einem anderen Umfeld, in einer größeren Stadt, wäre sie nicht nur bekannt. Sie wäre das überlebensgroße kulturelle Emblem einer ganzen Region.

Vielleicht ist sie einfach zu nah oder hinter den Häuserreihen am Kalkarer Markt auch wieder zu fern, als dass man sie über die Maßen würdigen könnte, obwohl sie ein paar kulturelle Übertreibungen durchaus verdient hätte. Sie ist einzigartig und großartig, und es soll eine Zeit gegeben haben, in der sie noch großartiger gewesen ist. Man mag sich kaum vorstellen, dass sie ursprünglich doppelt so viele wie die heute noch erhaltenen Altäre besaß. Allein die verbliebenen neun sind in ihrer Schönheit und in ihren zahllosen kunsthistorischen und handwerklichen Details beeindruckend. Ein wunderbares, fast 400 Seiten umfassendes Buch erschien 1990 über sie. Darin werden die Kirche und ihre Ausstattung als bürgerliches Gesamtkunstwerk einer wohlhabenden und selbstbewussten Handelsstadt gewürdigt. Ein Buch, von dem man sich eine populäre Ausgabe wünscht, die St. Nicolai in den heutigen Köpfen dauerhaft verankern könnte.

Bedeutende Holzschnitzer haben für St. Nicolai gearbeitet. Da Heinrich Douvermann, Arnt von Zwolle und Arnt van Tricht aber keine greifbare Kalkarer Schule in einem kunsthistorischen Sinn geschaffen haben und es früher vor den Zerstörungen andere und vielleicht noch bedeutendere Kunstwerke in anderen Kirchen, beispielsweise im Weseler Dom, gegeben hat, wurde St. Nicolai häufig eigentümlich relativiert.

Heute ist sie neben dem Xantener Dom die Kirche, die man unbedingt gesehen haben muss. Denn sie zeigt nicht nur die unerschöpfliche Tiefe sakraler Kunst. Sie gibt auch eine Anschauung vom ehemaligen künstlerischen Reichtum des Niederrheins.

Adresse Jan-Joest-Straße 6, Kalkar | **ÖPNV** SL 42, Bus 44, 45, 46, 47, 48, 97, Haltestelle Kalkar Markt | **Anfahrt** A 57, Ausfahrt Goch/Weeze Richtung Goch, B 67 Richtung Kalkar, bei Kreuzung zur B 57 auf Altkalkarer Straße Richtung Zentrum, Parkplätze am Markt | **Öffnungszeiten** täglich 14–16.45 Uhr | **Tipp** Gegenüber dem Kirchplatz steht das um 1350 erbaute ehemalige Ulft'sche Haus mit bedeutenden Wand- und Deckenmalereien, das heute als »De Gildenkamer« ein Restaurant ist.

29 __ Das Stiftsmuseum in Wissel

Starker Tabak

Das kleine Stiftsmuseum in Wissel beschäftigt sich im Wesentlichen mit der Geschichte der romanischen Basilika St. Clemens aus dem 12. Jahrhundert. Die Basilika liegt dem Museum direkt gegenüber und zählt zu den ältesten noch erhaltenen Kirchenbauten am Niederrhein; sie ist gewissermaßen ein Urort der rheinischen Christianisierung.

Bemerkenswert sind aber auch einige Exponate, die sich mit dem ganz profanen Tabakanbau am Niederrhein beschäftigen. Dieser mittlerweile völlig ausgestorbene Wirtschaftszweig hatte es in Wissel zu einer gewissen Blüte gebracht. Besonders der Rote Virginia soll hier stramm unter der Sonne gestanden haben. Die kargen, sandigen Böden erwiesen sich als vorteilhaft für den Anbau, und zur napoleonischen Zeit wurden die Produkte selbst in Paris gehandelt. Der »echte Tabak aus Wissel« schien also ein heute unbekanntes Qualitätsprodukt gewesen zu sein, das im Ausland möglicherweise höher geschätzt wurde als am Rhein.

Die europäischen Zollbestimmungen machten auch nach dem Krieg den heimischen Anbau attraktiv, zumal die lungenstarken und durchaus belastbaren Niederrheiner nichts dagegen hatten, wenn dem Tabak allerlei Kraut beigemischt wurde. Buchenlaub war besonders beliebt. Der niederrheinische Tabak soll pur nicht so ohne Weiteres zu rauchen gewesen sein, weshalb man ihn gern zu Schnupftabak oder Kautabak verarbeitete. Beim Kautabak kam es auf die würzige Soße aus Rübenkraut, Kaffee und Rum an, mit der er durchzogen war.

In der Umgebung von Wissel wurden in der Produktionsspitze immerhin 32 Hektar bestellt, und damit war Wissel das größte zusammenhängende Tabakanbaugebiet am Niederrhein. Die berühmteste Niederrhein-Marke war der legendäre »Kiepenkerl«, ein sagenumwobenes Kraut, das wie Wind in die Lungen pfiff.

Mit dem aufkommenden Wohlstand der späten 1950er Jahre, als man sich feinen Orient- und Importtabak leisten konnte, wurde die Produktion am Niederrhein eingestellt.

Adresse Kösterdick 27, Kalkar-Wissel | **ÖPNV** Bus 48, Haltestelle Ortseingang | **Anfahrt** A 57, Ausfahrt Goch, auf B 67 bis Kalkar, links auf B 57 Richtung Kleve, rechts auf Berk'sche Straße nach Wissel; das Museum liegt im Zentrum von Wissel | **Öffnungszeiten** Sa und So 14–17 Uhr | **Tipp** Die ehemalige Stiftskirche St. Clemens von 1150 ist trotz des gotischen Chors und umfangreicher Restaurierungen im 19. Jahrhundert die besterhaltene romanische Kirche am Niederrhein.

30__Wisseler Dünen

Ohne Meerblick

Die Überschwemmung muss gewaltig gewesen sein. Zumindest ist zu vermuten, dass es sich um eine Naturkatastrophe von fast biblischen Ausmaßen handelte. Denn die enormen Sandmengen, die der Rhein allein in der Nähe von Wissel auf das Land gespült hatte, wurden auf einer Fläche von 80 Hektar zu Dünen aufgeweht, die immerhin so hoch sind, dass man von ihren höchsten Punkten einen weiten Blick über die Ebene und die Landschaft um Wissel hat. Das Schauspiel, das vermutlich ein Drama war, ereignete sich im 8. Jahrhundert, also zu einer Zeit, als am rechten Ufer noch die letzten germanischen Heiden um ihre heiligen Bäume tanzten und die ersten angelsächsischen Missionare mit Schwertern und Engelszungen auf sie einredeten.

Flussdünen sind heute seltene Relikte aus den wilden Zeiten, die das Land und seine Bewohner erlebten, als der Rhein nicht eingedeicht war. Aber noch am Anfang des 20. Jahrhunderts soll er manchmal so hoch über die Ufer getreten sein, dass die Dünen von Wissel wie Inseln aus dem Wasser ragten.

Hinter den Dünen und mit ihnen ahnt man das Meer und seine Nähe, eine Assoziation, die natürlich auf der Hand liegt, wenn man durch die Dünen wandert und die flache, typische Niederrhein-Landschaft eigentümlich entrückt ist. Hier ist vieles anders. Die Vegetation ist härter und trockener, eine magere Angelegenheit in der sonst so sattfeuchten Flusslandschaft. Flechten und dürre Gräser spürt man unter den Füßen, und selbst der Wind scheint trockener als anderswo über den Sand zu wehen. Als die Menschen noch rundum belastbar waren, wurde auf den sandigen Böden von Wissel Tabak angebaut, der tatsächlich geraucht und gekaut wurde. Das ist lange her. Nicht ganz so lange her ist es, dass eine phantasiebegabte Bundeswehr in Ermangelung echter Wüsten den Einsatz unter verschärften Bedingungen in dieser niederrheinischen Wüstenei regelmäßig probte.

Adresse Östlich des Ortskerns von Wissel, Kalkar | **ÖPNV** Bus 48, Haltestelle Ortseingang | **Anfahrt** A 57, Ausfahrt Goch, auf B 67 bis Kalkar, links auf B 57 Richtung Kleve, rechts auf Berk'sche Straße Richtung Wissel, bei Mühlenstraße rechts zum Wisseler See und links auf Dünenweg | **Öffnungszeiten** ganzjährig | **Tipp** Eine schöne Sommerfrische ist das Naturfreibad am Wisseler See. Es besitzt einen 300 Meter langen und 30 Meter breiten feinen Sandstrand und eine Badeinsel.

31 Kloster Kamp

Gartenlust und Lebensglück

Es war ein einsamer Ort, fern von allen guten Geistern, umgeben von Sumpf und Stechmücken. Und vielleicht gerade deshalb ideal. Im Jahr 1123 folgten zwölf auffällig weiß gekleidete Zistersiensermönche dem ersten Abt Heinrich durch die gottverlassene Gegend, um auf dem Kamper Berg ein Kloster zu gründen. Sie kamen aus dem französischen Morimond und wurden von jener religiösen Erneuerungswelle getragen, die nach dem sogenannten Investiturstreit (es ging um die Einnahmen der Kirche und um die Verteilung von Ämtern) ganz Europa verändern sollte.

Das Kloster auf dem Kamper Berg war von Anfang an eine Erfolgsstory. Schon nach sechs Jahren wurde ein erstes Tochterkloster im weit entlegenen Harz gegründet, das letzte und 14. Kloster datiert in das frühe 17. Jahrhundert. Wenn man alle mit Kamp in direkter Verbindung stehenden Gründungen addiert, kommt man auf fast hundert. Das östlichste der Klöster liegt in Krakau, das nördlichste an der Ostsee. Nach dem Truchsessischen Krieg (1583–1588) verfiel das Kloster. Erst im November 1700 konnte ein Neuanfang gemacht werden

Bis zu seiner Verweltlichung durch die Franzosen 1802 hatte Kloster Kamp durchaus wieder, wie in seinen Anfängen, europäische Bedeutung und war auch eines der kirchlichen und kulturellen Epizentren des Niederrheins.

Der bekannte barocke Klostergarten wurde unter Abt Franziskus Daniels angelegt, dem bis heute der Ruf anhängt, eine Art Lebemann unter den Mönchen gewesen zu sein. Der heutige Garten ist allerdings eine verkleinerte und nachempfundene Replik des Originals und entstand erst 1990. Aus den voluminös barocken Jahren stammen noch die sehenswerten Chorbänke in der ehemaligen Stiftskirche.

Mönche gibt es heute nicht mehr auf dem Kamper Berg. Ein Museum erinnert aber an ihre große und bewegte Zeit. In den letzten verbliebenen Gebäuden finden Kulturveranstaltungen und meditative Workshops statt.

Adresse Abteiplatz, Kamp-Lintfort | **ÖPNV** SB 30, Bus 32, Haltestelle Kloster Kamp |
Anfahrt A 57, Ausfahrt Rheinberg Richtung Kamp-Lintfort, auf Rheinberger Straße
(B 510) bis zur Abzweigung Kloster Kamp; das Kloster ist ausgeschildert | **Öffnungszeiten**
Museum/Abtei Di–Sa 14–18 Uhr, So und feiertags 11–18 Uhr | **Tipp** Die Alt-Siedlung
Friedrich-Heinrich in Lintfort ist eine vollständig restaurierte zusammenhängende Berg-
arbeitersiedlung aus dem Jahr 1907.

32 »et kemp'sche huus«

Die versetzte Vergangenheit

Gelegentlich wird Baufälligkeit als Schicksal begriffen und nicht als Resultat einer langjährigen Vernachlässigung. Auch dem »kemp'schen huus«, das in seinem früheren Leben »Haus Pielen« hieß, drohte deshalb die Abrissbirne durch eine moderne Stadtplanung. Dass es heute das vermutlich bekannteste Haus in Kempen ist, liegt nicht allein an seinem lokal verankerten Namen. Eine gewisse Popularität errang es auch durch den Umstand, dass es 1979 in seine einzelnen Balken zerlegt und von seinem ursprünglichen Standort, der Kuhstraße, um die Ecke in die Neustraße getragen wurde und dort in jener alten Schönheit wiederauferstand, die es vermutlich in seiner Jugend gehabt hatte.

Das Haus stammt aus dem frühen 17. Jahrhundert, hatte also, als sein Schicksal besiegelt schien, schon viel hinter sich und auch viel überstanden. Es mag Nostalgie oder eine gewisse lokalpatriotische Sentimentalität gewesen sein, die zu dem ungewöhnlichen Rettungsversuch durch eine private Initiative führte.

Normalerweise werden solche Aktionen nicht privat, sondern eher hochoffiziell durchgeführt, wenn die in ihre Einzelteile zerlegten Bauwerke in fernen Freilichtmuseen idealtypisch wieder aufgebaut werden.

Die Idee, ein Haus zu retten, indem man es abreißt, wurde Mitte der 1970er Jahre populär, als ungefähr zeitgleich mit dem »kemp'schen huus« in Düsseldorf das aus dem Jahr 1915 stammende Kaufhaus von Gustav Carsch mit Hilfe der Horten AG um 20 Meter versetzt wurde. Die Vorfahren des Kaufhausmilliardärs Helmut Horten stammen aus Kempen. Deren stattliches Bürgerhaus von 1773 steht noch heute unversetzt in der Kuhstraße.

Im Restaurant, das dem Haus letztendlich den neuen Namen gab, sitzt und isst man wie im Kemp'schen Wohnzimmer: gemütlich, aufgeräumt und durchaus feierlich, mit viel Dekor und guten Weinen.

Adresse Neustraße 31, Kempen | **ÖPNV** Bus 066, 069, Haltestelle Kuhtor | **Anfahrt** A 40, Ausfahrt Kempen auf L 362 bis Kempener Außenring, weiter auf Kerkener Straße ins Zentrum bis Burgring/Möhlenring, links auf Wambrechiesstraße, Fußweg zum »kemp'schen huus« | **Öffnungszeiten** Di–So 12–14.30 und ab 18 Uhr | **Tipp** Das zur alten Stadtbefestigung gehörende viergeschossige Kuhtor von 1350 wurde Ende des 19. Jahrhunderts neugotisch restauriert.

33_ Die Kerzenkapelle

In einer Winternacht

Es waren Hirten, Handlungsreisende und nächtliche Wanderer, die ihre Stimme hörten oder ihr strahlendes Antlitz in Bäumen und Hecken wahrnahmen. Auch Hendrik Busmann war nachts unterwegs und vernahm zu Weihnachten 1641 ihre Stimme. Sie forderte ihn auf, eine Kapelle zu bauen.

Ein paar Wochen später, in der Nähe des Kevelaerer Hagelkreuzes, wurde diese Aufforderung wiederholt, und Busmann assoziierte die Stimme mit der Madonna, die ein Jesuitenpater einige Jahre zuvor in der Nähe der Stadt Luxemburg aufgestellt hatte. Busmanns Frau erinnerte sich daran, ein Bild dieser sogenannten Luxemburger Madonna bei durchziehenden Soldaten gesehen zu haben. Das kleine, unspektakuläre Andachtsbild war so groß wie eine Spielkarte, ein auf den ersten Blick gewöhnlicher Kupferstich, mit dem es aber etwas Besonderes auf sich gehabt haben musste, denn das Bild wurde zwischenzeitlich von Kapuzinermönchen und Karmeliterinnen in Geldern verehrt. Die genauen Umstände der frühen Verehrung sind nicht überliefert, aber es scheint so gewesen zu sein, dass dem Bild schon in diesem frühen Stadium der Verehrung heilsame Kräfte zugeschrieben wurden.

Das Bild wurde nach Kevelaer gebracht, und im Juni 1642 in einen eigens gemauerten Bildstock eingesetzt. Schon kurze Zeit später wurden wundersame Heilungen in eigentlich aussichtslosen Fällen bekannt, und die umgehend beginnenden Pilgerströme nahmen aus kirchlicher und merkantiler Sicht ein so erfreuliches Ausmaß an, dass zwischen 1643 und 1645 die Wallfahrtskirche »Zum heiligen Michael« errichtet werden konnte, die heutige Kerzenkapelle. Zahlreiche Kerzen, Schilder und Votivtafeln erinnern an die vielen Gläubigen, die in den letzten 350 Jahren nach Kevelaer pilgerten. Kevelaer ist nicht der älteste Ort niederrheinischer Marienverehrung, aber in seiner heilbringenden und zählbaren Wirkung der größte: Nur Lourdes im Südwesten Frankreichs verzeichnet mehr Pilger.

Adresse Kapellenplatz, Kevelaer | **ÖPNV** Bus 73 und bKe, Haltestelle Rathaus | **Anfahrt**
A 57, Ausfahrt Goch, B 9 Richtung Weeze nach Kevelaer, links auf Bahnstraße, Parkplätze
auf Peter-Plumpe-Platz oder A 57, Ausfahrt Sonsbeck Richtung Kevelaer (L 491) | **Öff-**
nungszeiten täglich, Marienvesper 18 Uhr | **Tipp** Die ursprünglich barocke und Ende des
19. Jahrhunderts prächtig ausgestattete Gnadenkapelle von 1654 mit dem Gnadenbild,
dem Kupferstich einer Schutzmantelmadonna aus Luxemburg, direkt neben der Kerzenkapelle ist das Zentrum der Kevelaer-Wallfahrt.

34 Der Cupido der »Beuys-Haltestelle«

Männer aus Eisen

Es ist manchmal verwirrend: Alles, was in Kleve auf einer Säule steht, heißt früher oder später der »Eiserne Mann«.

Der erste und vermutlich beeindruckendste trug die Prachtrüstung des Martin Schenk von Nideggen, der bei seiner Flucht 1589 aus dem belagerten Nimwegen in die Waal stürzte und vermutlich wegen seines unpraktischen und schweren Outfits ertrank. Er war der Vertrauensmann der englischen Königin am Niederrhein und der Erbauer der Festung Schenkenschanz. Dafür ließen die Spanier ihn noch als Leiche hinrichten. Vermutlich waren es die Truppen des Sonnenkönigs Ludwig XIV., die aus Jux und Dollerei die Rüstung von der Säule schossen.

Der darauf folgende »Eiserne Mann« soll ein Amor in Kriegsrüstung gewesen sein; ein späterer und noch heute zu sehender präsentiert sich nackt, heißt aber »Cupido« und nicht »Eiserner Mann«. Wenngleich Joseph Beuys durch diesen Cupido an der ehemaligen Haltestelle »Eiserner Mann« an der Nassauer Allee inspiriert wurde, den er als Schüler gesehen und bewundert hatte: Denn der Cupido steht auf einer sogenannten Feldschlange, einer Kanone, umgeben von Mörsern, und der junge Beuys war überzeugt, dass die Bildhauerei grundsätzlich alles vermag, wenn sie einen Amor, den Liebesboten, auf eine Kanone setzen kann.

Die autobiografischen Erinnerungsbezüge nutzte Joseph Beuys für seine Installation »Straßenbahnhaltestelle«, mit der er 1976 die Bundesrepublik auf der Biennale in Venedig vertrat. Beuys ließ die Feldschlange und die Mörser abgießen.

Der letzte »Eiserne Mann« stammt von Stephan Balkenhol und steht in der historischen Achse zwischen Amphitheater und Hoch-Elten, also ungefähr dort, wo auch die Rüstung von Martin Schenk einst stand.

Adresse Nassauer Allee/Abzweig Lindenallee, Kleve | **ÖPNV** Bus 54 und 79, Haltestelle Nassauer Allee | **Anfahrt** A 57, Ausfahrt Kleve, dem Verlauf der B 9 bis Kleve Nassauer Allee folgen | **Öffnungszeiten** ganzjährig | **Tipp** Seit 2007 besitzt Kleve wieder eine Birnenallee, die als Wanderweg östlich der Nassauer Allee die historischen Galleien mit dem Kermisdahl verbindet; die Bäume tragen im Spätsommer reichlich Früchte.

35 __ Der Britische Ehrenfriedhof

Das Schweigen der Gräber

Wenn das Sonnenlicht auf den Steinkreuzen liegt oder im Winter der Schnee, zeigt der Friedhof jenes ernste Gleichmaß, das so eigentümlich kontrastiert mit den umstehenden Bäumen des Reichswalds.

Man ist geneigt, ihn als schön zu bezeichnen, und vermutlich trifft dieser Begriff die irritierte Empfindung der meisten Besucher, die auf dem kurz geschnittenen, makellosen Rasen gehen wie auf einem dichten Teppich, der jeden Laut verschluckt. Der Ort ist schön, aber die Schicksale der jungen Soldaten sind traurig. Ein ruhiger und durchdachter Ort, an dem die Kreuze geordnet stehen, soldatisch wie ein angetretenes Regiment. Der Friedhof ist ein Mahnmal, und wie alle Kriegsgräber sollen auch diese die Lebenden an ihre Verpflichtung erinnern, dass ein Krieg wie der, in dem die Männer ihr Leben verloren, nie wieder geschehen darf.

Auf diesem größten Commonwealth-Friedhof des Britischen Königreichs in Deutschland liegen 7.654 Soldaten, die im letzten Krieg gefallen sind. Die meisten von ihnen sind, wie in allen modernen Kriegen, kaum älter als 20 Jahre, und man ist eigentümlich berührt, wenn man ihre Lebensdaten mit den eigenen vergleicht. Die Kreuze von Flugzeugbesatzungen, die gemeinsam im Flakfeuer der Deutschen fielen, weil ihre Maschinen über dem Reichswald oder bei der gigantischen Luftlandeaktion über dem Diersfordter Wald abgeschossen wurden, sind enger als andere Kreuze aneinandergestellt, als habe ihr gemeinsamer Tod sie für alle Zeiten miteinander verbunden.

Fast 4.000 Flieger sind hier beerdigt und beinahe ebenso viele Soldaten. Sie starben im Reichswald, aber auch einige Kilometer entfernt auf der anderen Seite des Rheins. Nach dem Krieg wurden die bei der Eroberung des Niederrheins gefallenen Briten und Commonwealth-Soldaten, die zuerst versprengt auf verschiedenen Friedhöfen oder unmittelbar am Ort ihres Todes beerdigt worden waren, hier und auf dem Soldatenfriedhof von Rheinberg bestattet.

MAJOR.
R.E. BALFOUR
THE KING'S ROYAL RIFLE CORPS
10TH MARCH 1945   AGE 41

Adresse Grunewaldstraße (L 484), Kleve | **ÖPNV** Bus 50, Haltestelle Reichswald Friedhof | **Anfahrt** A 57, Ausfahrt Kleve, B 9 Richtung Kleve, links auf Asperdener Straße (B 504) bis Grunewald, rechts auf Grunewaldstraße | **Öffnungszeiten** ganzjährig | **Tipp** Auf der Donsbrügger Heide (Heidestraße) befindet sich die Kriegsgräberstätte für 2.400 Tote des Zweiten Weltkrieges: die gefallenen deutschen Soldaten der Offensive im Februar 1945 und die 400 zivilen Opfer des Luftangriffs auf Kleve im Oktober 1944.

36— Die Donsbrügger Mühle
Vorsprung durch Technik

Dieses Museum arbeitet! Darin unterscheidet es sich von den meisten anderen Museen. Denn für gewöhnlich beschränken sich Museen darauf, Sammlungen aufzubauen oder Dinge zu zeigen, die man gesehen haben sollte.

Im Mühlenmuseum werden zwar auch Exponate und – wenn man so will – eine kleine Sammlung von Gegenständen gezeigt, die mit Mühlen und dem Windmüllerhandwerk zu tun haben, aber seine wichtigste und eigentliche Aufgabe ist der Erhalt der Mühle. Seit 1985 ist sie wieder in Betrieb, nachdem der für sie exklusiv gegründete Mühlenverein ihre Restauration übernommen hatte. Als amtlich anerkanntes Denkmal erfährt sie besondere Unterstützung, aber die private Begeisterung einiger ihrer Liebhaber ging so weit, dass sie sich in den Niederlanden zum Windmüller ausbilden ließen.

Errichtet wurde die Mühle 1824 von Wilhelm Fallier als sogenannte »Holländermühle«: Ihr Mühlenkopf mit den Flügeln konnte je nach Windrichtung gedreht werden, was innovativ, fortschrittlich und äußerst effektiv war. 1885 wurde, um auch bei Flaute arbeiten zu können, eine Dampfmaschine eingesetzt, die den manchmal fehlenden Wind ersetzte. Zwanzig Jahre später wurden die alten, mit Segeltuch bespannten Flügel durch moderne Jalousieflügel ersetzt, außerdem wurde eine Windrose auf der Haube angebracht, die dem Wind folgte und gewissermaßen ganz natürlich die Flügel in die richtige Stellung brachte. Als letzte technische Innovation während ihrer aktiven Zeit bekam die Mühle 1940 einen Elektromotor. Aber der machte auch deutlich, dass die Zeit der windgetriebenen Mühlen der Vergangenheit angehörte.

Dennoch hat man die Mühle bereits in den 60er Jahren des letzten Jahrhunderts zum ersten Mal vollständig restauriert und sie mit sogenannten Bilau'schen Flügeln, benannt nach dem Flugzeugbauer Bilau, ausgestattet, die sich durch Klappen und Gewichte je nach Windstärke selbst regulieren.

Adresse Mehrer Straße, Kleve-Donsbrüggen | **ÖPNV** Bus 59, Haltestelle Mehrer Straße | **Anfahrt** A 57, Ausfahrt Kleve, B 9 über den Klever Ring bis Donsbrüggen, rechts auf Papenfeldweg und links auf Mehrer Straße; die Mühle liegt außerhalb der Ortschaft | **Öffnungszeiten** Mitte März bis Mitte Nov. Di 15–17 und Sa 10–14 Uhr | **Tipp** Vom Aussichtsturm auf dem Klever Berg an der Königsallee hat man den schönsten Blick auf die Stadt und die niederrheinische Ebene bis nach Holland.

37 _ Die Düffelwarder Fähre

Ein kurzes Vergnügen

Für einen Moment kommt der Gedanke auf, das Fahrrad einfach durch das Wasser zu schieben. Rüberschwimmen oder durchwaten: Vielleicht ist es möglich, tief wird es nicht sein, und ein guter Werfer, wenn das irgendeinen Sinn machte, könnte einen Stein aufs andere Ufer werfen. Manchmal hat man eben Lust, unsinnige Dinge zu tun. Außerdem ist das bisschen Fluss, das die Fähre überquert, so schmal, dass dem Wartenden die Motorfähre irgendwie übertrieben vorkommt. Man könnte sich hier eher eine alte Seilfähre vorstellen, die noch von Hand übers Wasser gezogen wird. Wenn die Autos nicht wären, die ohne Fähre Umwege fahren müssten, würde man sich die motorgetriebene vermutlich schenken. Überhaupt sieht sie aus, als habe das letzte Hochwasser sie zwischen den Wiesen von Salmorth abgesetzt.

Die nächste Brücke allerdings ist sieben Kilometer entfernt, direkt hinter der angerosteten Eisenbahnbrücke von Griethausen, und wer das Abenteuer, allein oder mit Fahrrad in das Altrheinwasser zu steigen, scheut, wird auf die Fähre warten müssen, die auf der anderen Seite im Sonnenschein liegt und von der ein paar Wanderer herüberwinken.

Gleichgültig, wie weit die Ufer nun tatsächlich auseinanderliegen – es hat mit dem Mythos von Fähren und ihrer kulturellen Symbolkraft zu tun, dass sich immer das Gefühl einstellt, von der einen auf eine völlig andere Seite gewechselt zu haben. So ist es auch hier. Und das kurze Vergnügen gibt tatsächlich alles, was eine Schiffsfahrt geben kann: Man ist auf dem Wasser, das man riechen kann, der Wind steht gegen den Bug, Möwen schreien, und irgendwo hinter Schenkenschanz auf der anderen Seite strömt der Rhein vorbei Richtung Meer. Das Weite ist also ganz nah, und der Himmel mit seinen schnell fliegenden Wolken erinnert an alte Kinderfilme, und auf dieser Fähre könnte man durchaus in einem dieser Bullerbüträume sein.

Adresse Röstendaalstraße, Kleve-Düffelward | ÖPNV Bus 51, Haltestelle Düffelward Post | Anfahrt A 3, Ausfahrt Emmerich, B 220 über den Rhein, rechts auf Oraniendeich bis Griethausen, wieder rechts Richtung Brienen/Wardhausen, auf Johanna-Sebus-Straße bis Düffelward, rechts abbiegen zur Fähre | Öffnungszeiten Mo–Fr 6–21.45, Sa 7–22.45, So 8–22.45 Uhr | Tipp Nördlich von Düffelward findet man im Ortsteil Keeken eine der schönsten Mühlen des Niederrheins, die Keekener Windmühle von 1811. Bei Keeken, das direkt hinter dem Deich liegt und von Kolken durchzogen ist, fließt der Altrhein in den Neurhein.

38___Die Eisenbahnbrücke von Griethausen

Schönheit, die rostet

Schlicht und in ihrer bestechend klaren Funktionalität ehemals ganz darauf beschränkt, gewaltige Lasten zu tragen, liegt sie über einem Stück Altrhein. Unter ihr treiben ein paar Enten idyllisch auf dem graugrünen Wasser, einige Radfahrer machen an ihrem Ende auf dem Deich eine Pause. Sie schauen sich die Brücke von der mehr oder weniger provisorischen Absperrung aus an und sehen den Jungs zu, die zehn Meter tief hinunterspringen, manche wie Komiker und dürre Clowns, die für Stimmung sorgen. Es macht allen Spaß, obwohl oder gerade weil es verboten ist. Aber die Verbotsschilder sind längst abmontiert, geklaut, blecherne Souvenirs, die nur noch gelegentlich erneuert werden.

Die Brücke von Griethausen ist die älteste Eisenbahnbrücke Mitteleuropas, vor fast 150 Jahren erbaut und in Betrieb genommen, ein stählerner Dinosaurier aus der Zeit der frühen Industrialisierung, als sich Europa unter Dampf setzte. Kaum 30 Jahre nachdem die von James Watt modifizierte und verbesserte Newcomen-Dampfmaschine zu einem rentablen Geburtshelfer der Moderne geworden war, wurde sie auf Schienen gesetzt, schneller, stärker und effektiver als jedes bis dahin bekannte Fahrzeug, und von da an verbanden Dampflokomotiven für mehr als ein Jahrhundert Zeit und Raum.

Bei jedem Licht und zu jeder Jahreszeit wirkt die Brücke auf den Betrachter und, wie es scheint, auch aus jeder Distanz. Immer ist sie schön, gewaltig, schweigsam, monströs und natürlich auch absurd. Denn heute ist sie sinnlos. Sie ist einfach nur da, jetzt, morgen; und bis ihr Stahl durchgerostet sein wird, werden ein paar hundert Jahre vergangen sein, und niemand wird sich mehr daran erinnern können, was eine Eisenbahn eigentlich mal war. Bis 1987 rollten Züge über sie hinweg. Es gab ein paar Ideen, was man mit ihr machen könnte. Realisiert wurde keine.

Adresse Werpöhl, Kleve-Griethausen | **ÖPNV** Bus 50 und 52, Haltestelle Griethausen | **Anfahrt** A 3, Ausfahrt Emmerich, B 220 über den Rhein, rechts auf Oraniendeich bis Griethausen, rechts auf Postdeich und Rheinstraße zum Altrhein, links auf Wehrpöhl | **Öffnungszeiten** ganzjährig | **Tipp** Vom Alten Friedhof in Kellen, einem Nachbarort von Griethausen, ist noch ein Memorienstein aus dem 10. Jahrhundert erhalten, der heute im Turm der Alten Kirche angebracht ist.

39 Das Försterdenkmal

Nach der Jagd

Es ist vielleicht an sich schon ungewöhnlich, dass ein Denkmal an die gefallenen und vermissten Förster zweier Weltkriege erinnert. Im Reichswald, einem der Hauptkampfplätze während der Niederrhein-Offensive der Alliierten, nimmt es sich besonders bescheiden und etwas zaghaft aus – ein Denkmal in Deckung, grau und grün, von Laub verweht, bemoost, aber dennoch irgendwie passend für natur-verbundene Waidmänner. In der Nähe des Britischen Ehrenfriedhofs, in der Waldabteilung 111, erinnert das aus Findlingen gestellte Denk-mal an gefallene Soldaten, die in Kleve Förster waren.

Namentlich nicht genannt ist der Forstanwärter Wilhelm-Fer-dinand Galland. Als einer von vier flugbegeisterten Brüdern, die mit dem Segelfliegen begonnen hatten, brachte Galland es zum Major und Kommandanten der zweiten Gruppe des Jagdgeschwaders 26, das nach dem propagandistisch umgebogenen Nazi-Heroen Albert Leo Schlageter (»1. Soldat des Dritten Reichs«) benannt war. Mit 28 Jahren, am 17. August 1943, wurde Galland in der Nähe von Maastricht abgeschossen, als sein Geschwader einen alliierten Bom-berverband angriff. Galland hatte es in 186 Kampfeinsätzen auf 54 Abschüsse gebracht, davon allein 37 Spitfire-Maschinen im di-rekten Gefecht, und gehörte mit dieser Bilanz zu den »Flieger-As-sen« des Zweiten Weltkriegs (als Flieger-Asse werden international Piloten bezeichnet, die mehr als fünf Abschüsse für sich in Anspruch nehmen können), ebenso wie zwei seiner Brüder, von denen der spä-tere »General der Lüfte« Adolf Galland einer der erfolgreichsten Pi-loten war.

Es wird vermutet, dass Wilhelm-Ferdinand Galland in den Wol-ken über Maastricht auf das spätere amerikanische Flieger-Ass Bud Mahurin traf, der Galland vom Himmel holte und mit diesem ers-ten Abschuss seine eigene Kampfpilotenkarriere begann, die erst neun Jahre später in Nordkorea endete. Mahurin überlebte Galland um 67 Jahre und starb im Mai 2010.

Adresse Grunewaldstraße (L 484), Kleve | ÖPNV Bus 50, Haltestelle Reichswald Friedhof | Anfahrt A 57, Ausfahrt Kleve, B 9 Richtung Kleve, links auf Asperdener Straße (B 504) bis Grunewald, rechts auf die Grunewaldstraße bis zum Britischen Ehrenfriedhof, Fußweg links am Friedhof vorbei zur Waldabteilung 111 (Grenzmarkierung), halb rechts zum Försterdenkmal | Öffnungszeiten ganzjährig | Tipp In der Waldabteilung 119 steht die über 400 Jahre alte Kurfürsteneiche.

40__Haus Koekkoek

Eine reine Familienangelegenheit

Künstlerhäuser haben einen ganz besonderen Reiz. Man guckt den ehemaligen Bewohnern zwar nicht direkt in die Schubladen, bekommt aber doch einen intimen Einblick in ihr kreatives und häufig großbürgerliches Leben. Um Schönes zu schaffen, müssen sie schön leben, und Barend Cornelis Koekkoek (1803–1862) umgab sich und seine Familie mit der klassizistischen Eleganz, die seine Zeit von den Erfolgreichen forderte.

Koekkoek gilt heute als der bedeutendste Landschaftsmaler der niederländischen Romantik. Auf dem Höhepunkt seines Ruhms, als Sammler in ganz Europa seine Bilder kauften und seine Arbeiten in Berlin, Neapel und St. Petersburg gleichermaßen bewundert wurden, nannte man ihn, vielleicht etwas übertrieben, aber doch nicht ganz aus der Welt, »Fürst der Maler«. Von Anton Weinhagen, der neben vielen Klever Villen auch das Kurhaus entworfen hat, ließ Koekkoek zwischen 1846 und 1848 sein repräsentatives Stadtpalais bauen, direkt unterhalb des ebenfalls von Weinhagen entworfenen Belvederes, das der Maler als Atelierturm schon vorher bewohnte.

Der 1803 in Middelburg als Sohn eines Marinemalers geborene Koekkoek zog 1834 nach Kleve, vermutlich deshalb, weil er hier, in dieser einst unerhört schönen Stadt mit ihrer parkähnlichen und idealtypischen Landschaft, die Motive fand, die es auch in finanzieller Hinsicht zu malen lohnte.

Haus Koekkoek wurde im Mai 1960 als städtisches Museum eröffnet. Wenige Monate später hatte Joseph Beuys hier seine erste größere Einzelausstellung. Trotz dieses rückblickend epochalen Schritts konnten auf Dauer die Ambitionen, ein Museum für Gegenwartskunst zu werden, nicht realisiert werden. Nach entsprechend aufwendigen Restaurierungen wurde Haus Koekkoek 1998 als Spezialmuseum wiedereröffnet. Ausgestellt werden Arbeiten aus fünf Malergenerationen der Familie Koekkoek und Bilder der Klever Romantiker, deren Lehrer B. C. Koekkoek war.

Adresse Koekkoekplatz 1, Kleve | **ÖPNV** Bus 51, Haltestelle Koekkoekplatz | **Anfahrt** A 57, Ausfahrt Kleve, B 9 bis Klever Ring, bei Kalkarer Straße links, am Kreisverkehr halb rechts auf Bahnhofstraße, links auf Herzogstraße und Minoritenstraße, Fußweg zum Koekkoekplatz | **Öffnungszeiten** Di–Sa 14–17 Uhr, So und feiertags 11–17 Uhr | **Tipp** Am Fischmarkt stellt ein von Karl-Henning Seemann gestalteter Lohengrinbrunnen das dramatische Ende der Sage dar. Der Fischmarkt war vor seiner Zerstörung im Zweiten Weltkrieg mit seinen wohlhabenden Stadthäusern das bürgerliche Herzstück Kleves.

41 Die historischen Gärten

Mit Weitsicht

Prinz Moritz von Nassau-Siegen wurde am 14. Oktober 1647 zum Statthalter der rheinischen Besitzungen des Kurfürsten Friedrich Wilhelm von Brandenburg ernannt. Bereits eine Woche später begann er, die großen Parkanlagen zu planen, die auch heute wieder wie zu Moritz' Zeiten den Ruf der Stadt untermauern, eine der schönsten am Niederrhein zu sein.

Der Prinz dachte und sah in großen Dimensionen. Als Gouverneur von Brasilien, der er bis 1644 gewesen war, hatte er schon Parks und Plantagen ganz nach seinem absolutistisch geprägten Geschmack anlegen lassen, immer darauf bedacht, den eigenen Ruhm, der ursprünglich militärisch begründet war, zu mehren.

Den Plan für den Klever Tiergarten arbeitete er vermutlich mit Jacob van Campen aus, der für Moritz das Stadtpalais »Mauritshuis« in Den Haag (zusammen mit dem legendären Baumeister Pieter Post) entworfen hatte. Der Blick vom Amphitheater über den Minerva-Brunnen, den »Eisernen Mann« und das große alleengesäumte Bassin bis zur Stiftskirche nach Hoch-Elten war ein Entwurf, der scheinbar keine Grenzen kannte. Kleve wurde nach wenigen Jahren von einem System sternförmiger Sichtachsen durchzogen, in deren Fluchtpunkten historische Gebäude oder herausragende Landmarken standen.

Etwa 100 Jahre später wurden die Ideen des Prinzen durch die Anlage des Forstgartens ergänzt, der als »Neue Plantage« dem neuen politischen und gesellschaftlichen Geist der Aufklärung verpflichtet war und mit mehr als 150 Gewächsen das botanische Wissen der Zeit dokumentierte. Von französischen Revolutionstruppen wurden die Parkanlagen in Teilen zerstört und konnten erst zwischen 1822 und 1830 nach Plänen von Maximilian Weyhe als englisch inspirierter Landschaftsgarten neu gestaltet werden. Ignoranz und Krieg haben sie im 20. Jahrhundert nochmals zerstört. Glücklicherweise sind sie in den 1980er Jahren aufwendig wie ein Kunstwerk restauriert worden.

Adresse Tiergartenstraße, Kleve | **ÖPNV** Bus SB 58, Haltestelle Forstgarten | **Anfahrt** A 57, Ausfahrt Kleve, B 9 bis Klever Ring, rechts auf Tiergartenstraße | **Öffnungszeiten** ganzjährig | **Tipp** Der Tiergarten Kleve pflegt vor allem alte Haustierrassen wie Bentheimer Landschafe, Pinzgauer Rinder, Wollschweine, Poitou-Esel oder Kaltblutpferde, daneben auch afrikanische Ziegen, Kängurus, Steppenfüchse und Lamas.

42 — Das Johanna-Sebus-Denkmal

Selbstlos in den Fluten

»Der Damm zerreißt, das Feld erbraust, / Die Fluten spülen, die Flä-
che saust« – mit beiden Händen griff Johann Wolfgang von Goethe,
Dichterfürst und höchste literarische Instanz seiner Zeit, in die
Wortkiste, um denen ein Bild zu vermitteln, die ebenso wie er selbst
nicht Zeugen der dramatischen Ereignisse am 13. Januar 1809 in
Brienen waren.

Bei Hochwasser und Eisgang war der Rheindeich gebrochen, und
der gnadenlos in die Breite gehende Strom setzte das Land so schnell
und reißend unter Wasser, dass die Menschen hinter dem Deich um ihr
Leben laufen mussten. Die 17-jährige Johanna Sebus hatte erst selbstlos ihre Mutter und ihre Geschwister aus den Eisfluten gezogen, war
dann zurück ins Wasser gestiegen und bei dem letzten Versuch, auch
Nachbarn in Sicherheit zu bringen, selbst ertrunken. Bei Niedrigwasser fand man ihre Leiche. Die damalige Welt zeigte sich tief erschüttert – denn die Tat war nicht nur heroisch gewesen, sie symbolisierte
auch ein neues bürgerliches Bewusstsein, das infolge der Französischen Revolution den absolutistischen Egoismus durch Selbstlosigkeit
überwinden und Eigensinn durch Gemeinsinn ersetzen sollte.

Zumindest sollte dies für die niederen Stände gelten. Napoleon
Bonaparte, Revolutionsgeneral und seit 1804 Kaiser der Franzosen,
sah sich als Hüter republikanisch-neomonarchistischer Ideale und hatte die »Weiße Rose« gestiftet, eine Ehrung für besonders tugendhaf-
te junge Frauen. Die Ehrung war normalerweise mit einem goldenen
Ring und der Übernahme der Aussteuer durch den Staat verbunden,
damit die jungen Frauen auch selbstbewusst in eine eventuelle Ehe
gehen konnten. Da die posthum Geehrte von dieser Schenkung naturgemäß nicht mehr profitieren konnte, ließ Napoleon das von den
Fluten zerstörte Haus der Familie Sebus auf Staatskosten – der Niederrhein war damals unter seiner Herrschaft – wieder aufbauen.

JEANNE SEBUS
JEUNNE FILLE DE XVII ANS
APRÈS AVOIR SAUVÉ SA MÈRE INFIRME
DES EAUX DU RHIN DÉBORDÉ L'AN 1809
SE PRECIPITA DE NOUVEAU DANS LE FLEUV
POUR ARRACHER A LA MORT
UNE MÈRE ET SES ENFANS
ELLE Y PÉRIT
CE MONUMENT A ÉTÉ ÉLEVÉ
A SA MÉMOIRE
L'AN 1811

Adresse Johanna-Sebus-Straße, Kleve-Rindern/Wardhausen | **ÖPNV** Bus 50 und 52, Haltestelle Zur Schleuse | **Anfahrt** A 3, Ausfahrt Emmerich Richtung Emmerich, B 220 über die Rheinbrücke, rechts auf Oraniendeich bis Griethausen, rechts auf Postdeich bis Wardhausen, hinter dem Spoykanal rechts auf Johanna-Sebus-Straße | **Öffnungszeiten** ganzjährig, bei geschlossener Pforte Schlüssel im Restaurant »Zum Johanna-Sebus-Denkmal« | **Tipp** In der Nähe des Denkmals befindet sich der Spoykanal, dessen Schleuse 1658–1688 errichtet und nach den häufigen Rheinhochwassern immer wieder aufgebaut wurde. Mitte des 19. Jahrhunderts passierten täglich 600 Schiffe den Kanal.

43__Das Käsedenkmal auf Gut Hogefeld

Die Goudakönigin

Es wird vermutlich niemanden verwundern, dass der Tabakanbau am Niederrhein nur eine sehr verblasene Vergangenheit hatte. Die Raucher, die dieser Tabak brauchte, waren schon um die Mitte des 20. Jahrhunderts fast alle ausgestorben, und nur die härtesten Lokalromantiker wünschten sich seine knochenharten Mischungen zurück.

Wenn Tabak und Niederrhein immer eine erzwungene Liaison eingehen mussten, die durch Zölle, Devisenknappheit und einen falsch verstandenen Patriotismus begünstigt wurden, müsste es beim Käse eigentlich ganz anders aussehen. Holte man alle Niederrhein-Kühe aus dem Stall, wären die Weiden voll. Allein im Kreis Kleve soll es mehr als 40.000 geben, und die Nähe zu Holland hätte aus dem Niederrhein zwangsläufig ein attraktives Käseland machen müssen. Allerdings gibt es keinen »Klever«, »Xantener«, »Reeser« oder »Kalkarer«, keine harten und keine weichen Käse, keine Rohmilchspezialitäten und nicht einmal schnittfeste Alltagsware.

Merkwürdigerweise hatte Käse am Niederrhein nie eine nennenswerte Tradition, und erst 1824, durch Werksspionage, waren die nicht sehr geheimen Geheimnisse der Käsezubereitung von Holland an den Niederrhein gekommen. Maria Rymer, 21 Jahre alt und vermutlich mit allen Rheinwassern gewaschen, spionierte bei Verwandten in Holland Rezepturen und Arbeitsprozesse aus, um auf dem elterlichen Gut Hogefeld selbst in die Molke zu greifen. Es entstand eine erste Käserei. Das Datum, das die Sonne über dem Niederrhein zu einem kreisrunden Gouda hätte machen können, war der 11. Mai 1825. Der erste Niederrhein-Käse wurde aus dem Trog gehoben, und im ersten halben Jahr sollen bereits mehr als 4.000 Pfund produziert und verkauft worden sein. Eine Gedenktafel auf Gut Hogefeld erinnert daran. Es hätte also eine wunderbare Erfolgsgeschichte werden können. Doch der Käse ist am Niederrhein gescheitert, und niemand weiß, warum.

MARIA REYMER

HAT AUF DIESEM IHREM
ELTERLICHEN GUTE HOGEFELD
DIE HOLLÄNDISCHE
KÄSEFABRIKATION AM
11. MAI 1825
EINGEFÜHRT UND DAMIT DEN
GRUND ZUR BLÜHENDEN
NIEDERRHEINISCHEN
KÄSEINDUSTRIE GELEGT.

DIESES ZUM
HUNDERTJÄRIGEN GEDÄCHTNIS
ANNO 1925

W. H. LÜPS

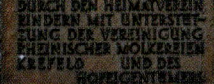

Adresse Drususdeich 201, Kleve-Rindern | **ÖPNV** Bus 94, Haltestelle Drususdeich, Fußweg | **Anfahrt** A 3, Ausfahrt Emmerich Richtung Emmerich, B 220 über den Rhein, rechts auf Oraniendeich bis Griethausen, rechts Richtung Brienen und Düffelward, hinter Düffelward links auf Keekener Straße und links auf Drususdeich; Fußweg zum Gutshof (Privatgelände) | **Öffnungszeiten** ganzjährig, Gedenktafel außen am Gutshaus | **Tipp** Auf dem Weg von Kleve nach Gut Hogefeld fährt man durch Rindern, in dem Joseph Beuys seine frühe Kindheit verbracht und prägende Eindrücke erfahren hat.

44__Der Kermisdahl

Nie sollst du mich befragen

Er ist der letzte von mehreren Rheinarmen, die durch die weite Ebene mäanderten bis an das steil aufragende Kliff, das Kleve vermutlich den Namen gab. Der Kermisdahl stammt noch aus der Zeit, als der Rhein ungebändigt, unendlich weit und temperamentvoll sich jährlich neue Wege suchte. Er schuf diese Landschaft und schuf ihre Mythen. Und so kann man sich noch heute vorstellen, wie über den Kermisdahl ein weißer Schwan direkt auf die Burg zuglitt.

Es muss ein wunderbarer und beglückender Anblick gewesen sein: An einer goldenen Kette zog der Schwan einen Nachen, in dem ein junger Mann von unbeschreiblicher Schönheit stand, gestützt auf ein goldenes Schwert. Von ihrer Burg aus sah im Dezember des Jahres 710 die unglückliche Gräfin Beatrix, reich und deshalb ringsum von Neidern bedroht, hilflos und jung, diesen edlen, unbekannten Ritter, der sich Elias Grail nannte. Er versprach, mit seinem Schwert ihre Probleme zu lösen, unter der Bedingung, dass sie ihn nie zu seiner Herkunft und der Geschichte befragen dürfe, die ihn hierhergebracht hatte.

Das klevische Glück begann, die Burg hieß von nun an Schwanenburg, und der Schwan wurde ebenso wie die acht gekreuzten Zepter auf dem Schild des Ritters das Wappen von Kleve. Drei Söhne machten das dynastische Glück vollständig, aber nach 22 Jahren stellte die Gräfin im Übermut oder von alter Neugier getrieben die Frage: »Wer bist du?« Elias Grail soll darauf wortlos sein Schwert gegürtet, die Burg und das Land verlassen haben und nie wieder gesehen worden sein. Die unglückliche Gräfin starb kurze Zeit später und geisterte noch Jahrhunderte als weiße Frau, sich selbst und ihre Neugier verfluchend, durch die nächtliche Schwanenburg.

Spätestens seit Mitte des 14. Jahrhunderts beriefen sich die Grafen und Herzöge von Kleve auf das junge und historisch nicht verbürgte Paar, das sie aber als ihre Stammeseltern ansahen und in ihren Überlieferungen behandelten wie historische Personen.

Adresse Zwischen Schwanenburg und Freudenberg, Kleve | ÖPNV Bus 44, Haltestelle Königsgarten | Anfahrt A 57, Ausfahrt Kleve, B 9 bis Kleve, unmittelbar hinter dem Abzweig Klever Ring auf Uedemer Straße Richtung Bedburg-Hau links auf einen kleinen Parkplatz abbiegen (hier ist der Kermisdahl gut zu überblicken) oder beim Abzweig Klever Ring über die Nassauer Allee Richtung Schwanenburg, vom Parkplatz zu Fuß zum Königsgarten | Öffnungszeiten ganzjährig | Tipp Am Prinzenhof in Höhe Goldstraße erinnert eine Gedenktafel an die Alte Synagoge von Kleve, die am 9. November 1938 zerstört wurde; die Grundmauern sind auf dem Pflaster nachgezeichnet.

45 Das Prinz-Moritz-Grab

Und alle Lust will Ewigkeit!

Schon die Zeitgenossen des Prinzen Moritz von Nassau-Siegen wussten, »dass dergleichen Wahrstück oder Werk zu Rom oder in Frankreich nicht zu finden sei«.

Gemeint ist des Prinzen drittes Grabmal, das er sich in seinen Klever Parkanlagen errichten ließ. Nach zwei heute nicht mehr erhaltenen Vorgängergräbern wurde in Bergendael ein einzigartiges Monument geschaffen, das nördlich der Alpen tatsächlich ohne Vergleich ist. Eine monumentale Tumba (ein Sarkophag ohne Leichnam) aus Gusseisen steht offen unter Bäumen hinter einer Exedra, einer halbkreisförmigen Einmauerung, in die römische Grabsteine, Votivaltäre und Urnen römischer Soldaten und Feldherren eingelassen sind. Vermutlich inspiriert durch italienische Parkanlagen des 16. Jahrhunderts schuf der Prinz eine Art arkadischer Sakrallandschaft. Am Ende seines Lebensweges angekommen, ruhte der Prinz entgegen der christlichen Tradition nicht in einer Kirche oder zumindest auf einem Friedhof, sondern mitten in der von ihm gestalteten und arrangierten Natur.

In den Jahren vor seinem Tod am 20. Dezember 1679 hatte Moritz versucht, »das Sterben zu lernen«. Mit Erlaubnis des brandenburgischen Kurfürsten, dessen Statthalter am Niederrhein Moritz von Nassau war, ließ er sich gegenüber seines Grabmals eine Hütte errichten, eine Einsiedelei, von der er die Stelle besichtigen konnte, an der er bald liegen würde. Sein Grabmal sollte eine Mahnung der Vergänglichkeit, aber auch eine Erinnerung und Hoffnung auf sein heroisches Fortleben sein, ein Herrschaftsmausoleum und ein Philosophengrab.

Letztendlich aber unentschlossen, ob er sich mehr der antiken Philosophie oder dem christlichen Glauben verpflichtet fühlen sollte, hatte der Prinz noch auf dem Sterbebett verfügt, nach nur sechs Monaten im Eisensarkophag von Bergendael in die kirchliche Familiengruft seiner Ahnen nach Siegen überführt zu werden.

Adresse Uedemer Straße, Kleve | **ÖPNV** Bus 46, 54, 56, 97, Haltestelle Berg und Tal |
Anfahrt A 57, Ausfahrt Kleve, B 9 bis Klever Ring folgen und weiter auf Uedemer Straße
Richtung Bedburg-Hau; das Grabmal liegt unterhalb des Restaurants »La Bergerie« abseits
der Straße | **Öffnungszeiten** ganzjährig | **Tipp** Im »ArToll Kunstlabor« der Rheinischen
Kliniken in Bedburg-Hau (Zur Mulde 10) finden regelmäßig Kunstprojekte mit Künstlern,
Patienten und interessierten Besuchern statt; die Ausstellungen sind öffentlich zugänglich.

46__ Der Reichswald

Nach der Schlacht

Man begegnet den üblichen Waldbewohnern: Wanderern, Joggern, Pilz- und neuerdings auch Bärlauchsammlern, Reitern, Radfahrern und Hundehaltern, und gelegentlich erblickt man im Unterholz sogenannte Schatzsucher. Sie schwenken ihre Metalldetektoren über das Laub und warten auf Piepstöne, die ihnen signalisieren, dass es hier vielleicht etwas zu finden gibt. Meist geht es um granatenscharfe Munition oder verrostete Helme, Gürtelschnallen und im besten Fall um Orden. Deutsche Nahkampfspangen und britische Military Crosses sollen besonders begehrt sein.

Dass der Reichswald unter Trödlern und Militariafreaks so außerordentlich beliebt ist, liegt an der im Februar 1945 begonnenen Operation »Veritable«, die als »Schlacht um den Reichswald« in die Geschichte einging. Am 8. Februar, frühmorgens um fünf Uhr, begann das größte alliierte Artilleriefeuer des Zweiten Weltkriegs. Ungefähr eine halbe Million Salven ging auf den Reichswald nieder, in dem kein Baum neben dem anderen blieb. Dennoch dauerte der Kampf fast drei Wochen. Die letztendlich siegreichen, aber auch traumatisierten Briten und Kanadier konnten nur 30 Kilometer unter großen Verlusten zurücklegen. Gekämpft wurde um jeden Meter und am Ende auch gegen jeden Mann. Das Ziel der Operation war es, die deutschen Stellungen im Reichswald niederzukämpfen und die Reichsstraße 58 als Nachschubtrasse für den geplanten Rheinübergang zu erobern.

Das mit 5.000 Hektar größte Waldgebiet am Niederrhein musste nach dem Krieg fast komplett neu aufgeforstet werden. Nur an wenigen Stellen kann man Bäume entdecken, die etwas von der Erhabenheit alter Wälder vermitteln. In seiner besten Zeit diente der Reichswald, der zuvor dem Kaiser vorbehalten war, ab dem 15. Jahrhundert den Herzögen von Kleve und ihren adligen Besuchern als Jagdrevier. Um 980 brachte während einer Reise die Kaiserin Theophanu im Reichswald ihren Sohn, den späteren Kinderkönig und deutschen Kaiser Otto III., zur Welt.

Adresse Zwischen Goch, Kleve und Kranenburg | **ÖPNV** Bus 50, Haltestelle Reichswald Friedhof (zentraler Ausgangspunkt) | **Anfahrt** A 57, Ausfahrt Kleve, B 9 Richtung Kleve, links auf Asperdener Straße (B 504) bis Grunewald, rechts auf Grunewaldstraße; Parkplätze beim Britischen Ehrenfriedhof, Fußwege rechts und links der Straße in den Wald | **Öffnungszeiten** ganzjährig | **Tipp** Die 1948–1951 entstandene Ortschaft Reichswalde unmittelbar am Reichswald ist eine ehemalige Waldarbeitersiedlung, die gegründet wurde, um vertriebene Bauern aus Oberschlesien und Ostpreußen anzusiedeln; 100 Siedlerstellen wurden damals in den Wald geschlagen.

47_ Der Salmorth

Immer was los

Friedlich sieht es aus, sehr weit und grün. Unter einem lichtblauen Himmel ziehen Wolken wie aus Kinderbüchern, Kiebitze jagen durch die Luft, der Sommerwind beugt die Bäume, und die schwarzweißen Kühe an einer alten Badewannentränke sehen stumm einem voluminösen Traktor hinterher. Einige Sehnsuchtshäuser stehen entfernt auf Warften, den künstlich aufgeschütteten Hügeln, wie auf Inseln. Vermutlich ist es sehr schön, hier zu wohnen. Jedenfalls ist es anders. Und manchmal wird es, trotz der sommerlichen Niederrhein-Idylle, turbulent: Wenn im Winter und Frühjahr das Hochwasser das Deichvorland überflutet, dann stehen die Höfe wie auch der ganze nahe Ort Schenkenschanz im Wasser.

Die für diese Gegend typischen Kolke weisen auf ehemalige Deichbrüche hin, die Salmorth und andere Auen am Niederrhein zu ungemütlichen Plätzen machten. Kolke entstehen an den Bruchstellen, wenn das Wasser durch den Deich bricht und tiefe Mulden ausspült. Den zahlreichen Flutkatastrophen vergangener Jahrhunderte folgte am 19. März 1895 eine andere, aber ebenso dramatische. Vor Salmorth, direkt gegenüber dem holländischen Dorf Spijk – zwischen den Rheinkilometern 859,7 und 859,9 – wurden 7.900 Kisten Dynamit auf dort ankernde Schiffe umgeladen. Niemand weiß, was genau geschah. Aber eines der Schiffe, die »Elisabeth«, wurde von einer plötzlichen Explosion zerrissen, andere Schiffe fingen Feuer, und 16 Menschen, Schiffer mit ihren Familien und angeheuerte Arbeiter, starben.

Das Gebiet zwischen Griethauser Altrhein und Rhein trägt den schönen Namen Salmorth und erinnert damit an die Zeit, als noch Lachse, die am Niederrhein Salme heißen, gefangen wurden. Das ist lange her. Mit viel Glück wird gelegentlich auch heute wieder ein einzelner Salm gefangen. Wer weiß, wie sie aussehen, kann hier über den offenen Wiesen aber Austernfischer, Rotschenkel, Wiesenpieper und Schafstelzen ausmachen.

Adresse Kleve-Salmorth | ÖPNV Bus 52, Haltestelle Salmorth | Anfahrt A 3, Ausfahrt Emmerich, B 220 über den Rhein, rechts auf Oraniendeich bis Griethausen, rechts auf Postdeich und Rheinstraße Richtung Spyck nach Salmorth | Öffnungszeiten ganzjährig | Tipp Zwischen Drususdeich und dem sogenannten Zweistrom liegt das Gebiet Rindernsche Kolke, ein Naturschutzgebiet mit 17 Kolken und Tümpeln, in dem auch Störche Station machen.

48__ Schenkenschanz

Blick auf einen fernen Ort

Manchmal, in Dunst und Nebel, aus der Distanz von ein paar 100 Metern und Jahren, erinnert Schenkenschanz noch an die Darstellungen auf alten Zeichnungen und Stichen. Ein entfernter, ummauerter Ort, der die Jahrhunderte überstanden hat und noch immer von den Zeiten scheinbar unberührt mitten in den niederrheinischen Wiesen liegt, erreichbar nur über eine lang gezogene Straße, an deren Ende ein Tor bei drohendem Hochwasser den Weg versperrt.

Hier könnte, wenn es sie jemals gegeben hätte, der Ursprung einer Niederrhein-Romantik gewesen sein: In der flachen, weiten Landschaft liegen einzelne, leicht erhöhte Weiler und Höfe, der wirklichen Welt entrückt, in einem meernahen und impressionistischen Licht.

Aber Schenkenschanz' Geschichte begann kriegerisch: Im Auftrag von Robert Dudley, Earl von Leicester, Geliebter und Vertrauter der englischen Königin Elisabeth I., baute der Söldner und Heerführer Martin Schenk von Nideggen 1586 die Festung, die in ihrer Zeit eine der wichtigsten und heftig umkämpften werden sollte. An der strategisch bedeutenden ehemaligen Gabelung von Rhein und Waal gelegen, wurde Schenkenschanz zur uneinnehmbaren Bastion ausgebaut, und wer sie befehligte, kontrollierte nicht nur den Rhein, sondern indirekt auch die Niederlande. Der Spanisch-Niederländische Krieg, in dem es 80 Jahre lang um die Unabhängigkeit der niederländischen Provinzen von Spanien ging, hatte die Engländer auf die Seite der Aufständischen gebracht. Von Dudleys Festung gegen die Spanier blieb schließlich nur die Erinnerung. Als der Rhein sein Flussbett verlagerte, verlor Schenkenschanz zunehmend an Bedeutung. Die Altrheine versandeten. Bis zum Wiener Kongress 1815 war die ehemalige Inselfestung holländisch, dann wurde sie preußisch.

Bei Hochwasser blickt eine besorgte Öffentlichkeit auch heute wieder regelmäßig auf den entfernten Ort, der dann für ein paar Stunden oder Tage zum lokalen Medienereignis wird.

Adresse Kleve-Schenkenschanz | **ÖPNV** Bus 52, Haltestelle Schenkenschanz | **Anfahrt** A 3, Ausfahrt Emmerich Richtung Emmerich, der B 220 über die Rheinbrücke folgen, rechts auf Oraniendeich bis Griethausen, wieder rechts Richtung Brienen/Wardhausen und auf Johanna-Sebus-Straße bis Düffelward, rechts zur Fähre nach Schenkenschanz | **Öffnungszeiten** ganzjährig | **Tipp** Die malerische alte Pappelallee nördlich von Schenkenschanz wurde vor einigen Jahren wegen akuter Kronenbrüche durch neue Eschenanpflanzungen ersetzt.

49__ Schloss Gnadenthal

Reine Vernunft kann niemals siegen

Der letzte Besitzer, Baron van Hövell tot Westerflier, schenkte im Sommer 2008 Schloss Gnadenthal der niederländischen Kulturstiftung »Geldersch Landschap en Geldersche Kasteelen«. Diese Großzügigkeit hätte möglicherweise auch Johann Baptist Hermann Maria Baron von Cloots gefallen, der 1755 auf Schloss Gnadenthal geboren wurde und sich als Revolutionär Anacharsis nannte (nach einem edlen Wilden aus Jean Jacques Barthélémys gleichnamigem und damals sehr populärem Roman). Im März 1794 wurde er in Paris von anderen Revolutionären hingerichtet.

Der Anacharsis Cloots war Weltbürger, reich und radikal, in gewisser Weise auch ein unverbesserlicher Menschenfreund, der von revolutionären Utopien geleitet wurde und von dem Gedanken an eine »Weltrepublik« beseelt war. Cloots verfolgte das ehrgeizige Ziel, Adel und Kirche abzuschaffen, und als ehemals guter Katholik – als junger Mann hatte er klerikale Eliteschulen besucht – wollte er den christlichen Gott durch reine Vernunft ersetzen.

Mit 36 von ihm persönlich bezahlten Statisten, die er als »Abordnung des Menschengeschlechts« aus einem Theaterfundus kostümiert hatte, war Cloots in der französischen Nationalversammlung erschienen – als Wortführer der bunten Truppe machte er vor den revolutionären Jakobinern und ihren Anführern Robespierre und Desmoulins Eindruck. Cloots war damit zum »Redner des Menschengeschlechts« avanciert, eine schillernde Gestalt und für ein paar Monate der vermutlich bekannteste Ausländer in Paris. Als prominenter Atheist war Cloots einer der Zeremonienmeister, die aus der Kathedrale Notre-Dame vorübergehend einen »Tempel der Vernunft« machten.

Schloss Gnadenthal wurde 1704 durch Johann Moritz von Blaspiel errichtet und Anfang des 19. Jahrhunderts klassizistisch umgebaut. Die vorgesetzte Backsteinfassade mit großen Rundbogenblenden stammt von Ernst Friedrich Zwirner, dem Kölner Dombaumeister, der auch Schloss Moyland umgestaltete.

Adresse Gnadenthal 8, Kleve | **ÖPNV** Bus SB 58, Haltestelle Gnadenthal | **Anfahrt** A 57, Ausfahrt Kleve, B 9 über Klever Ring bis Tiergartenstraße, rechts nach Gnadenthal | **Öffnungszeiten** Tagungshotel ganzjährig | **Tipp** Das Museum Kurhaus Kleve an der Tiergartenstraße zeigt Ausstellungen zeitgenössischer Kunst und besitzt eine umfassende Sammlung mit Werken des Beuys-Lehrers Mataré.

50___Der Schwanenturm

Auferstanden aus Ruinen

Selbst wenn man noch weit entfernt von der Stadt ist, sieht man bereits ihr Wahrzeichen: Der Schwanenturm reicht 56 Meter hoch in den Himmel über Kleve, und oben auf seiner Helmspitze überschaut ein Schwan die Stadt und das Land.

An dieser Stelle soll schon immer ein Turm gestanden haben. Der erste wird Julius Caesar zugeschrieben. Auch wenn bis heute keine römischen Fundamente gesichert werden konnten, war die Vorstellung, der berühmteste römische Feldherr habe hier einen Turm gebaut, so angenehm, dass sie noch immer gern kolportiert wird. Tatsächlich ist es naheliegend, dass schon die Römer diesen strategisch wichtigen Berg, auf dem später Kleve errichtet wurde, militärisch nutzten. Der vermutete Caesaren-Turm, an dem eine Inschrift auf seine Bauherrentätigkeit hinwies, stammte allerdings erst aus dem Mittelalter und stürzte am 7. Oktober 1439 ein. Er wurde größer und schöner vom klevischen Baumeister Johann Wyrenberg wieder aufgebaut. Und es war wieder ein 7. Oktober, als dieser Turm zerstört wurde: Während der Bombardierung der Stadt 1944 stürzte ein britischer Bomber in den Turm und explodierte. Der ausgebrannte Restturm war ein Symbol für den Untergang der Stadt. Nach 700 Jahren schien die Stadt nach einem weiteren Großangriff am 7. Februar 1945 nicht mehr zu existieren: Tausende Bomben fielen vom Himmel: »Es gibt kein Kleve mehr, keinen Schwanenturm, nichts …«

Aber Kleve und der Schwanenturm stehen wieder. Auferstanden aus Ruinen kann man ihn heute wieder besteigen und in alle Himmelsrichtungen das Land überblicken, das einst, als der Schwanenritter Elias Grail, der andernorts Lohengrin heißt, die Phantasien beflügelte, den Grafen und Herzögen von Kleve gehörte.

Die Schwanenburg ist heute Sitz des Amts- und Landgerichts. Im Turm befindet sich eine geologische Sammlung, die man beim Aufstieg in das oberste Stockwerk passiert und deren Exponate den unwiderstehlichen Charme alter Unterrichtsmaterialien haben.

Adresse Schlossberg 1, Kleve | **ÖPNV** City Train 49, Haltestelle Wasserstraße | **Anfahrt**
A 57, Ausfahrt Kleve, B 9 bis Abzweig Klever Ring, Nassauer Allee Richtung Schwanen-
burg, Fußweg zum Schlossberg | **Öffnungszeiten** Museum 1. April bis 31. Okt. Mo–Fr
11–17, Sa, So und feiertags 10–17 Uhr, 1. Nov. bis 31. März nur Sa, So und feiertags
10–17 Uhr | **Tipp** Das Denkmal des Großen Kurfürsten Friedrich Wilhelm I. an der
Schlossstraße wurde 1909 in Anwesenheit von Kaiser Wilhelm II. unter dem Salut von
101 Schüssen des Feldartillerie-Regiments enthüllt.

51 »Zur Traube«

Auf dem Borussen-Teller

Man sieht der »Traube« nicht so ohne Weiteres an, dass sie eine der ältesten deutschen Gaststätten ist und bereits 1386 erwähnt wurde. Möglicherweise liegt das daran, dass die im Rheinland wütenden Franzosen sie 1729 bis auf die Grundmauern niederbrannten und der letzte Neu- und Umbau von 1966 stammt. Also kurz vor dem »Goldenen Jahrzehnt« und ein Jahr nachdem Borussia Mönchengladbach gemeinsam mit Bayern München in die Erste Bundesliga aufgestiegen war.

Damit begannen nicht nur für Mönchengladbach und den Niederrhein schöne und unvergessene Fußballjahre, sondern auch für die »Traube«. Denn die legendäre »Fohlenelf« mit Netzer, Vogts, Heynckes und Wimmer traf sich vor jedem Auswärtsspiel hier zum letzten Mittagsmahl.

Heute ist nicht mehr zu klären, ob es am Borussen-Teller lag, der extra für die Mannschaft kreiert wurde – drei Steaks mit Zigeunersoße und Curryreis –, oder an der urgemütlichen Atmosphäre. Tatsache ist, dass die Borussia, solange sie sich in der »Traube« wärmte und stärkte, keinen Gegner zu fürchten hatte. 1970 wurde sie deutscher Meister (vor Bayern München). Ein Jahr später gab es die erste erfolgreiche Titelverteidigung der Bundesliga (auch vor Bayern München). Fünfmal, so oft wie keine andere Mannschaft, holten die Borussen in den 1970ern die Schale. Der Abschied von Berti Vogts, dem »Terrier«, wurde hier nach 419 Bundesligaeinsätzen für Mönchengladbach gefeiert. Der spätere Bundestrainer kam gleich um die Ecke zur Welt und hatte dort seine Karriere beim VfR Büttgen begonnen.

Die »Traube«, das vermutlich älteste und prominenteste Fanlokal der Goldenen Jahre, hat mittwochs geschlossen. Das stammt noch aus dieser wunderbaren Zeit, als Gladbach international spielte (7:1 gegen Inter Mailand 1971). Früher war das immer mittwochs, und der Wirt wollte ungestört die Live-Übertragungen sehen.

Adresse Haus-Randerath-Straße 15, Korschenbroich-Kleinenbroich | **ÖPNV** S8, Haltestelle Kleinenbroich Bahnhof, Bus 032, Haltestelle An der Lohe, Bus 034, Haltestelle Im Kamp | **Anfahrt** A 46, Ausfahrt Neuss-Holzheim Richtung Korschenbroich auf B 230, rechts auf Glehner Straße, links auf L 381, in Kleinenbroich rechts auf Haus-Randerath-Straße oder A 52, Ausfahrt Schiefbahn Richtung Korschenbroich, hier links auf L 381, in Kleinenbroich links auf Haus-Randerath-Straße | **Öffnungszeiten** täglich außer Mi 12–14.30 und 18–22 Uhr | **Tipp** An der L 381 von Kleinenbroich in Richtung Weilerhöfe steht ein Hagelkreuz von 1705 mit dem Wappen der Raitz-von-Frentz, den ehemaligen Herren von Haus Randerath, das Winand, ein Schwiegersohn des Reitergenerals Jan von Werth, hat errichten lassen.

52 Das Bürgermeisteramt
Die Hinrichtung

Das militärische Ende des Vietnamkriegs wurde durch die im Februar 1968 begonnene Tet-Offensive des Vietcong eingeleitet. Sein moralisches Ende dokumentierte ein Foto, das der amerikanische Fotograf Eddie Adams zu Beginn der Offensive am 1. Februar gemacht hatte: Der Polizeikommandant von Saigon, General Nguyen Ngoc Loan, schoss einem gefangenen Vietcong in den Kopf. Das Foto ging über die Titelseiten der großen Zeitungen in die Welt und mobilisierte auch Menschen gegen diesen Krieg, die ihm bis dahin gleichgültig gegenübergestanden hatten. Die Amerikaner waren ganz eindeutig im falschen Krieg und hatten augenscheinlich die falschen Verbündeten. Sie waren auf der Seite der Niedertracht und Unmenschlichkeit gelandet, und es war höchste Zeit, dass sie sich aus diesem Krieg verabschiedeten.

Am 17. September 1944 war vor dem Kranenburger Bürgermeisteramt kein Fotograf anwesend. Zwei amerikanische Soldaten, die während der Niederrheinoffensive der Alliierten in deutsche Gefangenschaft gerieten, wurden dorthin geführt. Der mit »Sonderaufgaben« betraute SA-Obersturmbannführer Ludwig Klüttgen entsicherte seine Pistole, hielt sie einem der Gefangenen an den Kopf und drückte ab.

Da die Waffe eine Ladehemmung hatte, glaubten die Umstehenden, es handle sich um einen von Klüttgen inszenierten Scherz, der den Gefangenen nur Angst machen sollte. Aber der SA-Mann lud noch zweimal nach und erschoss den Amerikaner. Auch der zweite, zunächst durch einen Kopfschuss schwer verletzte Gefangene wurde schließlich von SA-Leuten ermordet.

Die deutsche Kriminalpolizei und die deutsche Wehrmacht weigerten sich, in diesem Fall irgendetwas zu unternehmen. Acht Monate später war der Krieg zu Ende. Erst jetzt wurde Klüttgen angeklagt und 1948 von einem amerikanischen Militärtribunal zum Tode verurteilt und hingerichtet.

Am 17. September 1944, am Tag der alliierten Luft-
landung in diesem Grenzgebiet, wurden an dieser
Stelle zwei kriegsgefangene amerikanische Fallschirmjäger von einem SA Mann willkürlich erschossen.
Diese Tat wurde später durch ein alliiertes Gericht
geahndet und gesühnt.

Adresse Klever Straße 4, Kranenburg | **ÖPNV** Bus 55 und 58, BKr, Haltestelle Bürger-
meisteramt | **Anfahrt** A 57, Ausfahrt Kleve Richtung Kleve auf B 9, bei Asperdener Straße
links auf B 504 bis Kranenburg, links abbiegen auf Klever Straße | **Öffnungszeiten** ganz-
jährig | **Tipp** Der Mühlenturm von 1395 an der Stadtmauer von Kranenburg war bis zum
Ersten Weltkrieg Stadtwindmühle und dient heute als Heimatmuseum.

53__ Die Düffel

Kühe in Halbtrauer

Geologisch gehört der Niederrhein zu den Niederlanden, und so ist es nicht verwunderlich, dass man an vielen Orten an Holland oder zumindest an etwas unbestimmt Holländisches erinnert wird. In den weiträumigen Flussmarschen der Düffel nördlich von Kranenburg glaubt man, die wirkliche und auch in den Köpfen dünn gezogene Grenze allerdings längst überschritten zu haben. Nirgendwo sonst ist mehr Holland. Und nirgendwo sonst ist der Niederrhein flacher, weiter, endloser. Wären nicht die lang gezogenen Hecken und die erhöhten Gehöfte auf den Wurten — so nennt man die gegen das Hochwasser aufgeschütteten Inseln —, die sich ins Blickfeld schieben, sähe man überall im Norden und Westen nur noch Himmel und Erde, die sich am Horizont berühren.

Typisch für diese Landschaft sind die »Wässerungen«, die das Land parallel durchziehen. Diese Entwässerungsgräben wurden im 14. Jahrhundert von holländischen »broekers« angelegt, die darauf spezialisiert waren, Feuchtgebiete urbar zu machen.

Schwarz-weiße Kühe stehen im Wind und blicken stumm herum. Feldhasen schlagen exzentrische Haken. In den Kopfweiden brütet die größte Population von Steinkäuzen am Niederrhein, und seit Mitte der 1990er Jahre schüren die ersten und jahrzehntelang vermissten Weißstörche wieder die Hoffnung, dass im letzten Augenblick, zumindest an der Düffel, die ökologische Schussfahrt der vergangenen Jahrzehnte beendet wurde. Im Herbst, wenn sich die Düffel unter den ersten Stürmen wegduckt, landen hier in einem gewaltigen Naturschauspiel bis zu 200.000 Blässgänse aus Sibirien.

Die Düffel lässt sich am besten auf dem Fahrrad erkunden, stilgerecht am besten auf einem »Holländer«, und es gehört zu den unergründlichen Geheimnissen und sperrigen Eigenarten des Niederrheins, dass man immer gegen den Wind fährt. Das plötzliche und kurze Wunder des Rückenwinds hebt wie alle Wunder den Gläubigen für einen kurzen Moment jauchzend in den Himmel.

Adresse Nördlich von Kranenburg zwischen der holländischen Grenze und Kleve | **ÖPNV** BKr ab Kranenburg Markt oder Bus 59 ab Kleve Hbf | **Anfahrt** A 57, Ausfahrt Kleve, auf B 9 und B 504 bis nördlich von Kranenburg, auf verschiedenen Kreisstraßen durch das Gebiet der Düffel | **Öffnungszeiten** ganzjährig | **Tipp** Die ottonische Kirche St. Martin in Zyfflich von 1010 ist, bedingt durch Kriegszerstörungen, die vor allem die gotischen Umbauten trafen, wieder in ihrer ursprünglichen Baugestalt hergestellt und besitzt noch Teile ottonischer Bauplastik.

54 Das Museum Katharinenhof

Von Heiligen und Tränen

Kleine Museen geben sich einer häufig ganz hemmungslos exhibitionistischen Naivität hin, die zeigt, was Direktoren, Stifter, Kuratoren und Künstler hinterließen. Es ist ein bisschen wie in den Ausstellungsräumen der Auktionshäuser: Von allem gibt es etwas, meistens zu viel und doch zu wenig, um den porösen Sammlungen eine effektive Stoßrichtung und damit ein relevantes Gewicht zu geben. Erschwerend hinzu kommt der Umstand, dass die kleinen Museen für gewöhnlich mehr noch als die großen auf Schenkungen angewiesen sind.

Für das Kranenburger Museum Katharinenhof hatte der ehemalige Generaldirektor der Kölner Museen, Hugo Borger, die wunderbare und naheliegende Idee, die vielen kleinen Schenkungen christlicher Volksreligion zusammenzufassen und möglichst zu erweitern. So entstand eine vermutlich einzigartige Sammlung volkstümlicher Religiosität, die mehr als 3.000 Stücke umfasst. Was immer das bewegte Alltagsleben niederrheinischer Katholiken beseelte, von der Taufe bis zum Tod, ist hier in schönen zeitgemäßen Museumsarrangements zu sehen. In den oft unscharfen Bereichen zwischen Kunst, Kult und Kitsch sind und waren die Exponate ursprünglich zu Hause. Die alte, heute fast verschwundene Volksfrömmigkeit schuf so auch phantastische optische Beziehungssysteme, die so atemberaubend sein können wie surrealistische Plastiken, aber auch so entwaffnend kindlich wie plastikbunte Reiseandenken.

In der Dauerausstellung »Heilige Orte – Heilige Dinge« gibt es eine Fülle von Votivgaben, Gnadenbildern, Rosenkränzen, Kruzifixen und von unerhört poetischen Kastenbildern und Klosterarbeiten, in denen Reliquien und vor allem sogenannte Berührungsreliquien aufbewahrt sind, also Gegenstände, die eine echte Reliquie auf Wallfahrten und Pilgerreisen lediglich berührt haben und so schon ein Stück vom Himmel auf die Erde brachten.

Adresse Mühlenstraße 9, Kranenburg | **ÖPNV** BKr, Bus 55, Haltestelle Kranenburg Mitte | **Anfahrt** A 57, Ausfahrt Kleve Richtung Kleve auf B 9, bei Asperdener Straße links auf B 504 bis Kranenburg, links auf Klever Straße bis ins Zentrum, Fußweg zum Museum | **Öffnungszeiten** Di–Mi 14–17 Uhr, Do–So 12–17 Uhr | **Tipp** Die kleine evangelische Kirche von 1723 an der Mühlenstraße stand in ihrer Bedeutung zwar immer im Schatten von St. Peter und Paul, ist aber sehenswert wegen ihrer Schlichtheit und einer barocken Kanzel aus dem 17. Jahrhundert.

55___ St. Peter und Paul

Lohn des Wartens

Ist sie nun sein Leib oder ist sie nur eine Metapher? Was isst die Kirchenmaus, wenn im allerdings sehr unwahrscheinlichen Fall ein Partikel der geweihten Hostie auf den Boden fällt? Frisst sie letztendlich nur ein Stück Brot oder doch mehr?

Der Streit um die Transsubstantiation, also um die Wandlung von Wein in Blut und Brot in den Leib Christi, erhitzte im 13. Jahrhundert die Gemüter. Die heilige Inquisition sollte diejenigen intensiv befragen, die meinten, die geweihte Hostie sei nur Brot. Bernardo Gui, bekannt aus »Der Name der Rose«, war einer ihrer Großinquisitoren. Das 4. Laterankonzil von 1215, an dem mehr als 1.200 Bischöfe und Äbte teilnahmen, bestätigte die Transsubstantiation, aber im Land, unter den einfachen Leuten, bedurfte es klarer Ansagen und eindeutiger Zeichen.

In Kranenburg gab es eins. Ein Hirte hatte am Ostersonntag 1280 die Hostie während der heiligen Kommunion nicht schlucken können oder nicht schlucken wollen. Jedenfalls trug er sie eine Weile im Mund, um sie nach dem Kirchgang im Reichswald in einen hohlen Baum zu spucken. Erschrocken über sich und seine sündhafte Tat eilte er in die Kirche zurück, um den Pfarrer zu holen. Der versuchte vergeblich, die Hostie zu bergen. Sie rutschte bei dem Versuch tiefer in den Baum hinunter und schien für immer entweiht. Allerdings ahnte der Pfarrer sofort, dass allein das Verschwinden der Hostie ein Zeichen sein könnte, ein Wink Gottes gewissermaßen, ein Rätsel und eine Offenbarung.

Als der Baum 28 Jahre später gefällt wurde, fiel anstelle der Hostie tatsächlich ein gewachsenes Kruzifix heraus, und »es wurde weder Messer noch Eisen verwendet, es zu schneiden« (Zeugenaussage). Der Bischof von Utrecht erteilte umgehend Ablassprivilegien, was die Pilger, die sich nach Kranenburg aufmachten, ermächtigte, 40 Tage von ihrer Bußzeit auf Erden oder wahlweise im Fegefeuer abzuziehen. Zweifellos auch heute noch ein Anreiz, nach Kranenburg zu kommen.

Adresse Kirchplatz 1, Kranenburg | **ÖPNV** Bus 55, 58 und BKr, Haltestelle Kranenburg Mitte | **Anfahrt** A 57, Ausfahrt Kleve Richtung Kleve auf B 9, links auf Asperdener Straße (B 504) bis Kranenburg, links auf Klever Straße bis ins Zentrum; Fußweg zur Kirche | **Öffnungszeiten** täglich | **Tipp** Vor der Kirche hat der Künstler Bert Gerresheim das bronzene Mahnmal eines Kalvarienberges mit Kreuzigung und Kartentisch, auf dem 35 Soldatenfriedhöfe am Niederrhein verzeichnet sind, errichtet. Es wurde am 8. Mai 1995 eingeweiht.

Ave
Arve Sancta

1280 – 1308

56_ Burg Linn

Alte Schönheit

Sie muss eine ungewöhnlich schöne Ruine gewesen sein. Der Kölner Kurfürst Clemens August ließ vor dieser Kulisse vergangener Ritterlichkeit das alte in der Vorburg erhaltene Brau- und Backhaus zu einem Jagdschloss umbauen. Und einer der reichsten Tuchfabrikanten Krefelds, Isaak de Greiff, bemühte sich, die Ruine zu erwerben und so vor lokalen Plünderungen zu retten: »Die Ruine der alten Burg ist ein würdiges Objekt, um für die Künste erhalten zu werden. Sie ist die Zierde der Gegend und wird unfehlbar zusammenstürzen, wenn sie noch länger unter der Herrschaft der augenblicklichen Pächterin bleibt, die sich herausnimmt, dort Ziegelsteine zu entnehmen.«

De Greiff erwarb 1806 schließlich Ruine und Jagdschloss. Seine Söhne beauftragen den Düsseldorfer Gartendirektor Maximilian Weyhe mit der Umgestaltung der Parkanlagen, die gegenwärtig in ihrer alten historische Anlage rekonstruiert werden.

Das Jagdschloss zeigt als ehemaliges Wohnhaus der de Greiffs heute sehr schöne Exponate einer bürgerlichen Wohnkultur. Die Idee, in der Burg ein Museum einzurichten, stammt aus den 1920er Jahren, als die Stadt die gesamte Anlage mit allen dazugehörigen Wirtschaftsgebäuden gekauft hatte. Die eher puristisch ausgestattete Burg vermittelt den Eindruck einer arrangierten und überlegten Authentizität.

Nur selten und manchmal eher im Abseits findet man verstaubte Arrangements für Jungenträume aus Hellebarden, Rüstungen, Kanonen und Lanzen.

Das zur Burg gehörende »Niederrhein-Museum« zeigt und dokumentiert die einzigartigen Funde des großen Gräberfeldes in Krefeld-Gellep. Mehr als 6.000 Gräber aus römischer und fränkischer Zeit wurden in dieser größten europäischen Nekropole freigelegt, und das Museum bemüht sich darum, zumindest eine Ahnung dieser ungewöhnlichen und wertvollen Fundstätte zu vermitteln.

Adresse Rheinbabenstraße, Krefeld-Linn | **ÖPNV** SB 044, Haltestelle Burg Linn, Bus 059, Haltestelle Auf dem Bollwerk | **Anfahrt** A 57, Ausfahrt Krefeld-Oppum Richtung Zentrum, rechts auf Hauptstraße und wieder rechts auf Heinrich-Malina-Straße Richtung Linn, rechts zum Ortskern Linn, Fußweg zu Burg und Museum | **Öffnungszeiten** 1. April bis 31. Okt. Di–So 10–18 Uhr, 1. Nov. bis 31. März Di–So 11–17 Uhr | **Tipp** Das Textilmuseum Linn am Andreasmarkt besitzt über 25.000 historische Textilobjekte, die in wechselnden Ausstellungen präsentiert werden.

57 __ Die Galopprennbahn
Historische Kulissen

Auch wenn der Galopprennsport in Deutschland seit einigen Jahren tief in der Krise steckt – ein nur schlecht zu erklärendes Phänomen, denn weltweit prosperiert der Rennsport – und die Konkursverwalter zuweilen fast so schnell wie Englische Vollblüter sein müssen, war es völlig richtig, die Krefelder Rennbahn 1987 in die Denkmalliste aufzunehmen. Denn diese auch noch in vielen Details authentische und mit alten Gebäuden beglückte Bahn ist ausnehmend schön, großzügig angelegt und lässt kaum vermuten, dass auch der Krefelder Rennverein 1911 e.V. im Dezember 1997 pleite war. Allerdings wurde umgehend der neue Krefelder Rennclub 1997 e.V. gegründet. Und seitdem scheint es wieder im gestreckten Galopp voranzugehen.

Turf war in seinen Anfängen das Freizeitvergnügen der bürgerlichen Oberschicht, des Adels und des Militärs, deren Interesse es auch war, in Vergleichsrennen die Qualität ihrer Pferde und Zuchttiere festzustellen. Populär wurde der Turfsport (benannt nach dem englischen Wort für Rasen), als die Möglichkeit auch für Nichtreiter bestand, durch Wetten, wenn sie erfolgreich waren, dem eigenen Leben zumindest eine gewisse nachmittägliche Geschwindigkeit zu geben.

Treibende Kraft und Erster Vorsitzender des Rennvereins war der Krefelder Textilfabrikant Rudolf Octker, an den eine Bronzestatue im Absattelring erinnert. Oetker organisierte auch die nötigen Gelder und animierte Investoren, an die glänzende und rentable Zukunft des Krefelder Galopps zu glauben. Bis zum ersten Renntag im Juni 1913 wurden 1,1 Millionen Reichsmark in das Gelände investiert (männliche Lohnbeschäftigte in der Textilindustrie verdienten 1913 etwa 100 Mark im Monat). Das Geläuf (immer den Finger reinstecken, bevor man wettet!), die Hindernisbahn in Form einer klassischen Acht und die ersten Gebäude sind bis heute unverändert im Original erhalten.

Krefelder Rennclub e.V.

Renntag
Bodenzustand

Nichtstarter

Rennen-Nr.	Programm-Nr.	Pferd	Rennen-Nr.	Programm-Nr.	Pferd

Pressevoraussagen siehe Vorderseite

Adresse An der Rennbahn 5, Krefeld | **ÖPNV** Bus 058 Haltestelle Zwingenbergstraße, Fußweg | **Anfahrt** A 57, Ausfahrt Krefeld-Gartenstadt, auf Europaring (B 509) Richtung Zentrum, links abbiegen nach Auf der Rennbahn | **Öffnungszeiten** Galopprennbahn an den Renntagen, Café-Restaurant »Derby« täglich außer Mo 12–22 Uhr | **Tipp** »Gut Heyenbaum« gegenüber der Einfahrt zur Galopprennbahn am Europaring ist nicht nur ein stimmungsvolles Landrestaurant, sondern besitzt auch ein sehenswertes Kutschenmuseum.

58__Haus Esters und Haus Lange

Die Vision der Zukunft

Ungefähr zur selben Zeit, als Ludwig Mies van der Rohe den berühmtesten Sessel der Designgeschichte entwarf, den noch heute produzierten Barcelona-Chair für die Weltausstellung 1929, baute er auch die beiden Häuser Esters und Lange. Das Kaiserreich mit seinem hysterisch-ornamentalen Zier- und Blendwerk lag erst zehn Jahre zurück, und Mies zog unter die jüngste Vergangenheit einen stahlharten Schlussstrich mit zwei lichtdurchfluteten Villen, die man sich schmuckloser und reduzierter nicht vorstellen konnte.

In der Krefelder Villenkolonie, die von unverhältnismäßiger Gründerzeitopulenz dominiert wurde, nahmen sich beide Häuser aus wie zwei geziegelte Zweckbauten, die ebenso gut das knappe Entree eines Arbeiterfreibads hätten sein können. Die Häuser machten, wie man damals sagte, Sensation und Skandal, und Mies van der Rohe wurde umgehend als Direktor des Bauhauses in Dessau inthronisiert. Bauhaus war und ist auch heute noch der Inbegriff abstrakter, funktionaler Schönheit, ein nie endender Zukunftsentwurf, eine stapelbare Prestigeangelegenheit und nach wie vor der heiligste Bezirk des europäischen Designs.

Der Sohn des Bauherrn schenkte 1968 Haus Lange der Stadt Krefeld mit der Auflage, 99 Jahre lang Ausstellungen moderner Kunst zu zeigen. Acht Jahre später erwarb die Stadt das benachbarte Haus Esters. Seitdem tanzen die beiden Häuser untrennbar den Pas de deux für hochkarätige Kunst. Architektur- und Mies-Besessene sehen gerade darin gelegentlich ein Sakrileg, denn Mies hatte schließlich Wohnhäuser und keine Ausstellungsgebäude entworfen. Zwischen den Ausstellungen, wenn die Häuser leer geräumt und die Vorhänge entfernt sind, wird die nackte Schönheit erläutert und auch nach 80 Jahren noch bejubelt, die wie alle echte Schönheit von innen kommt.

Adresse Wilhelmshofallee 91–97, Krefeld | **ÖPNV** Bus 054, Haltestelle Haus Lange, Bus 058, Haltestelle Wilhelmshofallee | **Anfahrt** A 57, Ausfahrt Krefeld-Gartenstadt, Europaring Richtung Zentrum, links auf Hüttenallee und weiter bis Wilhelmshofallee (Beschilderung ab Europaring) | **Öffnungszeiten** Di–So 11–17 Uhr (nur bei Ausstellungen) | **Tipp** Mehr Mies van der Rohe gibt es auf dem Gelände der VerSeidAG am Girmesgath 5 zu sehen, wo die von den damaligen Direktoren Esters und Lange 1930 in Auftrag gegebenen Webereigebäude stehen.

59 Hückelsmay

Hinter der Landwehr

Es ging wie so oft in der Geschichte um Sein oder Nichtsein, also letztendlich um Haben oder Nichthaben. Engländer und Franzosen kämpften um ihre Kolonien, Österreich wollte das von Preußen zuvor eroberte Schlesien zurück, und Russland hätte gern Ostpreußen gegen das Herzogtum Kurland getauscht, das unter polnischer Herrschaft war.

Solche komplizierten Interessensgemengelagen pflegte man üblicherweise durch Kriege zu lösen, und so standen sich zwischen 1756 und 1763, im sogenannten Siebenjährigen Krieg, zwei mächtige Lager gegenüber: Preußen und Briten auf der einen, Österreich, Frankreich und Russland auf der anderen Seite.

Im Sommer 1758 trafen an der Hückelsmay 47.000 Franzosen auf 30.000 Preußen und Briten. Die Franzosen hatten sich hinter der Landwehr, die in kleinen Abschnitten noch heute im Forst zu sehen ist, verschanzt. Da sie nicht nur die feuchtwarmen Erdwälle vor der Brust hatten, sondern auch zahlenmäßig den Preußen und Briten überlegen waren, glaubten sie an ein leichtes Spiel, eine Schlacht, die allenfalls noch pro forma geschlagen werden müsse.

Dass ein Frontalangriff, wie der französische Kommandant Prinz von Clermont ihn erwartete, für die Alliierten tatsächlich aussichtslos gewesen wäre, wusste auch der preußische Generalfeldmarschall Prinz Ferdinand von Braunschweig. Deshalb griff er nur zum Schein mit etwa 10.000 Soldaten dort an, wo ihn die Franzosen erwarteten. Den größeren Teil seiner Truppen aber führte er in einem zehnstündigen Gewaltmarsch in einem weiten Bogen um die französischen Stellungen herum. Als sie die anstürmenden Preußen in ihrem offenen und nur schwach abgesicherten Rücken bemerkten, war es für die Franzosen zu spät. Sie verloren fast 4.000 Mann, und als es den Preußen schließlich gegen Abend gelungen war, einen Keil in die französischen Verteidigungslinien zu treiben, blieb ihnen nur noch die Flucht.

Adresse Gladbacher Straße 80, Krefeld | **ÖPNV** Bus 054, Haltestelle Hückelsmay Denkmal | **Anfahrt** A 44, Ausfahrt Krefeld-Forstwald Richtung Krefeld auf Gladbacher Straße | **Öffnungszeiten** ganzjährig | **Tipp** Der Landgasthof »Hückels May«, um 1830 neben dem alten Schlachtfeld erbaut, erinnert durch die Benennung der Gasträume an die ehemaligen Teilnehmer: Es gibt u. a. einen preußischen, englischen und französischen Gastraum, gekocht wird international.

60__ Die Pax-Christi-Kirche

Die Kunst trägt das Kreuz

Der Christ der Zukunft wird Mystiker sein. So zumindest mutmaßte der einflussreiche katholische Theologe Karl Rahner, der in seinen Werken eine Synthese aus traditionellem Christentum und modernem Denken anstrebte. Vielleicht wird der Christ der Zukunft aber auch Kunstliebhaber sein. Möglicherweise war er es in letzter Konsequenz schon immer. Die alten Kirchen sind auch heute noch voller wunderbarer Kunstwerke, und Christen haben die Werke durch die Jahrhunderte hindurch immer wieder gegen Bilderstürmer verteidigt und sie nicht leichtfertig preisgegeben. Der Autonomieanspruch moderner Kunst im 20. Jahrhundert ließ sich nicht mit den Dogmen der Kirche vereinigen, und es war nur konsequent, dass Künstler und Kleriker getrennte Wege gingen. Die Kirchen mussten sich fortan mit bemühtem Kunsthandwerk zufriedengeben, eine kirchengeschichtliche und ästhetische Tragödie.

Viele Künstler, angefangen mit den Dadaisten und Surrealisten, ahnten allerdings, dass sie durchaus an die Stelle der Priester treten konnten, denn auch das aufgeklärte Publikum hat immer eine Neigung, Gemeinde zu sein. Joseph Beuys, der auratische Kunststifter, verband ein selbst entworfenes Schamanentum mit dem christlichen und künstlerischen Erlösungsbedürfnis. Und so ist es nicht verwunderlich, dass in der Pax-Christi-Kirche Beuys und einige seiner herausragenden Schüler wie Walter Dahn, Felix Droese und Johannes Stüttgen vertreten sind, entweder mit Werken oder mit Kunstvorträgen, die durchaus wie Predigten sein dürfen.

Die Pax-Christi-Kirche wurde 1979 geweiht und ist ausschließlich mit Arbeiten zeitgenössischer Künstler ausgestattet. Etwa 30 Werke stehen im Kirchenraum, in der Taufkapelle und in dem kleinen Park, der das wie eine Begegnungsstätte aussehende Gebäude umgibt. Vier der Werke wurden eigens für die Kirche geschaffen, unter anderem der Altar von Ulrich Rückriem und das Weihwasserbecken von Klaus Rinke.

Adresse Glockenspitz 265, Krefeld | **ÖPNV** Straßenbahn 044, Bus 047, Haltestelle Glockenspitz | **Anfahrt** A 57, Ausfahrt Krefeld-Zentrum auf B 57, links auf Vadersstraße und nächste links auf Glockenspitz | **Öffnungszeiten** Führung nach Anmeldung, Gottesdienst So 11 Uhr | **Tipp** Der unweit des Glockenspitz liegende Schönwasserpark wurde Ende der 1920er Jahre als erste Volksparkanlage Krefelds ausgebaut und grenzt an den Botanischen Garten, der in Themengärten rund 5.000 Pflanzen aus aller Welt versammelt.

61 Der Osterather Bahnhof

Im Faller-Haus

Der Osterather Bahnhof stammt noch aus der Zeit, als man Lokomotiven »Dampfrösser« nannte. Er wurde bereits 1856 erbaut, 30 Jahre nachdem überhaupt der erste Bahnhof der Welt im englischen Darlington eröffnet worden war.

In Bayern, zwischen Nürnberg und Fürth, hatte man im Dezember 1835 die erste deutsche Dampflok, allerdings ein englisches Fabrikat mit einem englischen Lokführer, auf die Schienen gesetzt anstelle der sonst üblichen Pferde. Bei der vermuteten und kaum vorstellbaren Höchstgeschwindigkeit von etwa 30 Stundenkilometern befürchtete man, dass die Reisenden zwangsläufig den Verstand verlieren müssten und Kühe zwischen Nürnberg und Fürth beim Anblick des »Adler«, so hieß die Lok, keine Milch mehr geben würden. Die Befürchtungen wichen schnell einer allgemeinen Begeisterung, und in den immer größer und eleganter werdenden Bahnhöfen sah man schon bald Kathedralen des Fortschritts und Paläste der modernen Industrie. Der englische Schriftsteller G. K. Chesterton, der Verfasser der Pater-Brown-Romane, lobte an ihnen, dass sie »Ruhe und Trost schenken«.

Der Osterather Bahnhof, der letzte seiner Art, tut dies auch heute. Ganz mit Holzpaneelen verkleidet, sieht er aus wie ein Faller-Haus auf einer Modelleisenbahn, sehr gemütlich und ganz ländlich. Man kann sich heute noch den Bahnhofsvorsteher vorstellen, wie er ein Leben lang alle Zugverbindungen auswendig wusste, und den Schalterbeamten, der verträumt die Fahrkarten mit der Lochzange entwertete und eine gute Reise wünschte.

Der Bahnhof steht unter Denkmalschutz. Vor einigen Jahren wurde sein Innenleben zu einem Restaurant umgebaut, und so speist man heute in der ehemaligen Schalterhalle und unter dem umbauten Vordach auf dem alten Bahnsteig. Züge fahren vorbei oder halten. Ein seelenloser Betonneubau nebenan bedient Bahnkunden, die früher zu Osteraths Zeiten noch Fahrgäste hießen, aus Blechautomaten.

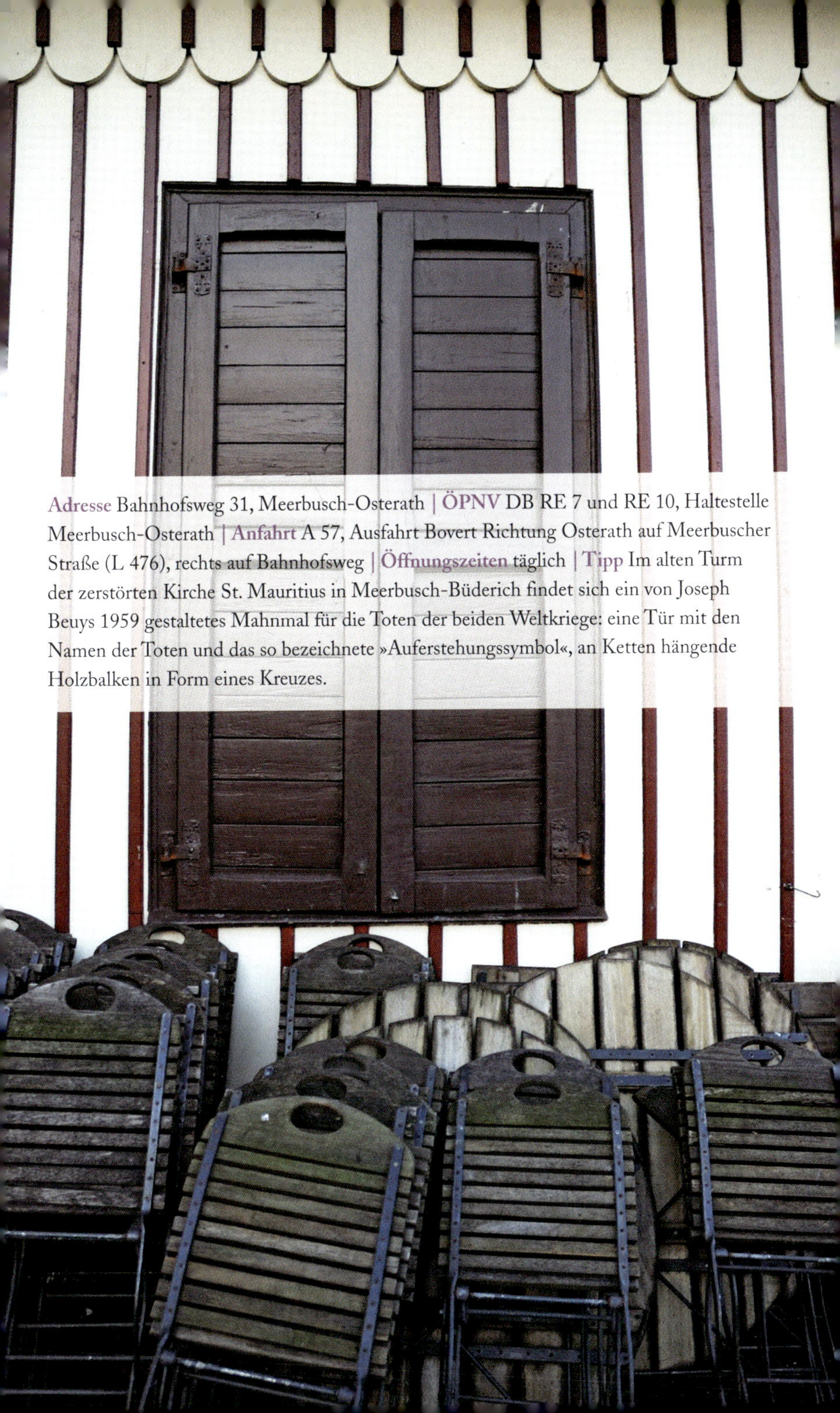

Adresse Bahnhofsweg 31, Meerbusch-Osterath | **ÖPNV** DB RE 7 und RE 10, Haltestelle Meerbusch-Osterath | **Anfahrt** A 57, Ausfahrt Bovert Richtung Osterath auf Meerbuscher Straße (L 476), rechts auf Bahnhofsweg | **Öffnungszeiten** täglich | **Tipp** Im alten Turm der zerstörten Kirche St. Mauritius in Meerbusch-Büderich findet sich ein von Joseph Beuys 1959 gestaltetes Mahnmal für die Toten der beiden Weltkriege: eine Tür mit den Namen der Toten und das so bezeichnete »Auferstehungssymbol«, an Ketten hängende Holzbalken in Form eines Kreuzes.

62 — Das Hüschgrab

Sach ma nix!

Dem Niederrhein fehlen die Dichter. Eine alles in allem unliterarische Gegend. Heinrich Heine wurde zwar in Düsseldorf geboren, schrieb aber in Paris. Albert Vigoleis Thelen, der große Unbekannte der deutschen Literatur, der alle Jahrzehnte wiederentdeckt wird, um dann umso nachhaltiger vergessen werden zu können, kam in Süchteln zur Welt und starb in Dülken, hatte sein Leben also am Niederrhein begonnen und beendet, aber in der langen Zeit dazwischen flüchtete und reiste er durch Europa, war in Portugal und Mallorca zu Hause und befand abschließend grimmig, dass er immer selbst seine eigene Heimat gewesen sei.

Das vielleicht bedeutendste literarische Ereignis hatte schon 1174 auf der Schwanenburg in Kleve stattgefunden, als dem Minnesänger Heinrich von Veldeke sein dort verfasstes und 10.000 Verse zählendes Manuskript »Eneit« gestohlen wurde, ein frühes Meisterwerk der deutschen Literatur, vielleicht sogar das erste überhaupt, das er Jahre später zufällig auf einer Burg an der Unstrut wiederentdeckte.

Auch Hanns Dieter Hüsch war kein Dichter, aber er hat gelegentlich versucht, einer zu sein. Begonnen hatte er als linker Liedermacher, war aber schnell an die stacheldrahtkratzigen Grenzen der frühen Genossen gestoßen, die Hüschs Neigung, den kleinen Leuten eher mit Kaffee und Kuchen als mit kämpferischen Parolen zu kommen, als kleinbürgerlich verachteten. Hüsch machte aus dieser lebenslangen Kleinbürgerzuneigung ein Programm, das zahlreiche Bücher und Langspielplatten umfasste, sehr viel Radio und Kabarett, und Hüschs Stimme war die einzig pointierte dieser Landschaft (nördlich von Köln): Überall ist Niederrhein!

Hüsch bekam ein Ehrengrab der Stadt Moers. Hinter großen Hecken liegt es etwas im Verborgenen, kein Pfeil weist den Weg, aber man muss sich, wenn man den Friedhof betritt, immer links halten. Ein Umstand, der dem niederrheinisch doppeldeutigen Hüsch bestimmt gefallen hätte.

Adresse Geldernsche Straße 79 (Hauptfriedhof), Moers-Hülsdonk | **ÖPNV** Bus 4 (über Moers Bhf), Haltestelle Hülsdonk Hauptfriedhof | **Anfahrt** A 57, Ausfahrt Moers-Hülsdonk Richtung Hülsdonk auf Geldernsche Straße, bei Sandtorstraße rechts abbiegen, bei Geldernsche Straße wieder rechts | **Öffnungszeiten** ganzjährig | **Tipp** Eine der schönsten Gartenanlagen am Niederrhein ist der 1836 von Maximilian Weyhe angelegte Schlosspark in Moers, mit altem und teils exotischem Baumbestand aus der Entstehungszeit.

HANNS
DIETER
HÜSCH
✳ 6. 5. 1925
✝ 6. 12. 2005

63___Das Haus u r

Bedrücktes Wohnen

Das berühmteste Haus der Filmgeschichte ist zweifellos das von Norman Bates in Alfred Hitchcocks »Psycho«. Eigentlich ist es das Haus von Bates' Mutter, aber die ist bereits tot und sitzt schon seit Jahren mumifiziert in ihrem Schaukelstuhl.

Norman mordet in den Kleidern seiner Mutter mit Vorliebe duschende Frauen, die in seinem Motel nebenan abgestiegen sind. Manchmal sieht man im Mondgegenlicht das Wohnhaus der Bates', und noch ehe sich der Film dem Plot nähert, ahnt man, dass im Haus das tiefenpsychologische Geheimnis verborgen sein muss, das für einen kurzen Moment, in der Länge eines Blitzes, hinter den Vorhängen undeutlich aufscheint. Daran mag man sich erinnern, wenn man vor Haus u r steht (u r wird getrennt gesprochen; es sind die Kürzel für Unterheydener Straße Rheydt).

Der Künstler Gregor Schneider (* 1969) mietete das Haus von seinem Vater und begann 1985, es zu verändern. Schneider baute in die vorhandenen Räume neue hinein, die den ursprünglichen exakt entsprachen. Er imitierte Zimmer, die zwangsläufig das Original verkleinern und beengen mussten. Es entstand eine Art klaustrophobischer Wohninnenhaut, deren beklemmende Wirkung noch dadurch gesteigert wurde, dass Schneider das Tageslicht durch Lampen simulieren ließ und versteckte Motoren Decken und Räume fast unmerklich bewegten. 2001 baute er die Räume von Haus u r in den deutschen Pavillon der Biennale in Venedig und erhielt für diese künstlerische, logistische (150 Tonnen Material wurden mit dem Schiff nach Venedig gebracht) und kunstpsychologische Leistung den Goldenen Löwen.

Eine Zeit lang konnte das Haus u r, dessen Räume heute auf verschiedene Museen verteilt sind, besichtigt werden, wenn zuvor eine Haftausschlussversicherung unterschrieben wurde. Schneider filmte, um deren Reaktion zu dokumentieren, einige Besucher. Ob er das von einem Schaukelstuhl aus tat, ist nicht überliefert.

Adresse Unterheydener Straße 12, Mönchengladbach-Rheydt | **ÖPNV** Bus 024 und 097, Haltestelle NVV | **Anfahrt** A 61, Ausfahrt MG-Wickrath Richtung Mönchengladbach auf L 277, bei Berliner Straße rechts abbiegen, dann wieder rechts auf Stapperweg, links auf Oberheydener Straße und im Verlauf auf Unterheydener Straße | **Öffnungszeiten** ganzjährig, nur von außen (von innen nicht mehr zu besichtigen) | **Tipp** Der Tiergarten Mönchengladbach liegt im Stadtteil Odenkirchen, auf geradem Weg über die Odenkirchener Straße zu erreichen; seit 1957 werden hier Mufflons, Affen, Braunbären und Streicheltiere gehalten.

64__»Lovers' Lane«

In der Tiefe des Raums

In Mönchengladbach war Franz Beckenbauer natürlich nie die Lichtgestalt des deutschen Fußballs, für die er im Allgemeinen gehalten wird. Er war nur ein ganz passabler Libero bei einem lästigen bayerischen Konkurrenten, der gelegentlich auf das Gold des Gladbacher Jahrzehnts spuckte (Gladbach wurde fünfmal, Bayern dreimal deutscher Meister in den 70ern). Der Star und das Gesicht dieser erfolgreichsten »Fohlenelf« war und ist bis heute Günter Netzer.

Wie Beckenbauer war auch er Weltmeister von 1974, aber Netzer hatte nur ein einziges Spiel gespielt – zwanzig Minuten in der bescheidenen Verlustpartie gegen die damalige und für gewöhnlich hinter dem Stacheldrahtzaun spielende DDR-Auswahl. Aber Netzer war nicht nur und trotz allem der beste Mittelfeldspieler der Bundesligageschichte, er war auch der ganz andere Fußballer, der erste Popstar einer bis zu seinem Erscheinen eher pomadigen Liga. Wenn Spieler Karriere gemacht hatten, eröffneten sie eine Lottoannahmestelle oder eine Tankstelle. Günter Netzer eröffnete eine Diskothek. Das »Lovers' Lane«, Waldhausener Straße, direkt in der Mönchengladbacher Altstadt.

Angesichts der vielen unsäglichen und auch noch heute gelegentlich scheinheilig geführten Diskussionen, ob junge Sportmillionäre überhaupt eine Diskothek besuchen dürfen, war das Anfang der 1970er Jahre eine Art Nachwehe des revolutionären Mai von 1968 und ein Affront gegen die Biedermänner seiner Zeit. Dabei wollte Netzer nur seinen Spaß haben und seinen Namen möglichst effektiv vermarkten. Netzer liebte den Luxus und wurde um die schönen langbeinigen Frauen an seiner Seite beneidet, außerdem parkte er seinen Ferrari eigenwerbewirksam direkt vor seinem Laden.

Das Gladbacher Jahrzehnt ist längst vorbei. Statt Meisterschaft ist Klassenerhalt das Ziel. Auch das »Lovers' Lane«, Netzers Disko, gibt es nicht mehr. Da, wo sie war, ist heute »Sinas Club Lounge«. Ohne Ferrari.

Adresse Waldhausener Straße 55, Mönchengladbach | **ÖPNV** Bus NE 1, NE 2, NE 3, Haltestelle Alter Markt | **Anfahrt** A 61, Ausfahrt MG-Nordpark Richtung MG-Zentrum auf Waldnieler Straße (B 230), links auf Sternstraße, dann 2. rechts auf Waldhausener Straße; das Kneipenviertel ist Fußgängerzone | **Öffnungszeiten** »Sinas Club Lounge« am Wochenende ab 22 Uhr | **Tipp** Die Waldhausener Straße ist immer noch das etwas in die Jahre gekommene Herzstück des Mönchengladbacher Nachtlebens, im oberen Teil zum Alten Markt eine reine Kneipenmeile.

65 Das Museum Abteiberg

C wie Caesar, H wie Hans

Ist es Licht oder ist es Schatten? Bürde oder Verpflichtung? Noch heute und nach mehr als 20 Jahren weht durch das Museum der ehemals stürmische Geist von Johannes Cladders (1924–2009). Cladders, der sich als Künstler selbstironisch »C wie Caesar« nannte, war von 1967 bis 1985 Direktor des Städtischen Museums, das bis 1982 an der Bismarckstraße untergebracht war.

Bereits im ersten Jahr präsentierte er mit der Ausstellung »BEUYS« den Bürgerschreck schlechthin: Joseph Beuys, der mit Filz, Fett und pflasterverklebten Badewannen seinen Mitbürgern als Kulturuntergangsbote das Leben schwer machte, unfassbar, provokant und im besten Fall nur noch verrückt. Mit dieser Ausstellung, die zudem Beuys' erste große Einzelausstellung war, fiel Cladders mit der Tür direkt ins Haus, was manche Sammler zeitgenössischer Kunst so begeisterte, dass sie sich unmittelbar auf Cladders' Schoß setzten.

Das Museum Abteiberg profitiert noch heute von Cladders Kunstenthusiasmus und seinem Geschick, Kunstwerke nach Mönchengladbach geholt zu haben, die die Stadt nie hätte bezahlen können und vermutlich auch nicht hätte bezahlen wollen. Die Sammlung Marx, mit Beuys' berühmter Haltestelle »Eiserner Mann«, ist mittlerweile nach Berlin gegangen, aber die Sammlung Etzold mit mehr als 500 Werken (u. a. Zero, Fontana, Informel) und die Sammlung Onnasch (Pop-Art) sind geblieben.

1982 wurde, fast so sensationell wie die frühe Beuys-Ausstellung, der Museumsneubau des Wiener Architekten Hans Hollein der Öffentlichkeit vorgestellt. Es war der Bau in dieser Zeit, der zu den Exponaten kongenial passte. Später mit renommierten Architekturpreisen ausgezeichnet, hatte Hollein die Museumsräume den Werken entsprechend geöffnet, sodass sich für die Besucher neue kommunikative Achsen der Kunstbetrachtung eröffneten. Das Museum ist eines der bekanntesten Beispiele der architektonischen Postmoderne in Deutschland.

Adresse Abteistraße 27, Mönchengladbach | **ÖPNV** DB Mönchengladbach Hbf, Bus 003, 008, 009, 013, 023 Richtung Alter Markt, Haltestelle Abteiberg | **Anfahrt** A 61, Ausfahrt MG-Nordpark oder MG-Holt in Richtung MG-Zentrum, dann der Beschilderung folgen oder A 52 Ausfahrt MG-Nord/Viersen Richtung MG-Zentrum, dann der Beschilderung folgen | **Öffnungszeiten** Di–So 11–18 Uhr | **Tipp** Das nahe gelegene »Haus Erholung«, ein 1801 errichtetes Gesellschaftshaus der Mönchengladbacher Bürgerschaft, verfügt über einen besonders schönen Biergarten.

66 _ Schloss Rheydt

Im Licht des Südens

»Wenn das Wort Renaissance ertönt, sieht der Träumer vergangener Schönheit Purpur und Gold.« Was der niederländische Kunstwissenschaftler Johan Huizinga assoziativ vermutete, mag man tatsächlich empfinden, wenn man durch die dunkle Einfahrt der Vorburg getreten ist und im vollen Licht des Sommers vor der strahlenden Fassade des Herrenhauses steht. Auf der Turnierwiese schlagen Pfauen ihr Rad, ein aufwendiges und prachtvolles, irgendwie übertrieben wirkendes Zeremoniell für das andere Geschlecht, aber durchaus passend zu »Weltenlust und Lebensglück«, das die Renaissance und der sie bestimmende Humanismus anstrebten.

Man steht vor dem einzigen erhaltenen Renaissanceschloss am Niederrhein. Gebaut wurde es vermutlich von Maximilian und Johann Pasqualini, deren Vater Alessandro bereits als Baumeister in den Diensten des Herzogs von Jülich-Kleve-Berg Wilhelm V., genannt der Reiche, stand. Die Pasqualinis waren an vielen Großprojekten am Niederrhein seit der Mitte des 16. Jahrhunderts beteiligt.

Auftraggeber für das Schloss war der noch heute in Rheydt geehrte Otto von Bylandt. Otto, geboren zwischen 1525 und 1530, ließ es bis zu seinem Tod 1591 zu einer respektablen Befestigung ausbauen, vermutlich auch deshalb, weil er in einer gewissen Konkurrenz zu seinem Lehnsherrn Wilhelm V. stand und eine starke Affinität zu den Habsburgern hatte, die verlässliche Verbündete am Niederrhein suchten. Die Befestigungsanlagen wurden in der Mitte des 17. Jahrhunderts durch hessische Truppen zerstört. Während des Zweiten Weltkriegs wurde das Schloss von Reichspropagandaminister Joseph Goebbels als Gästehaus benutzt und war die höfische Kulisse für die radschlagenden Inszenierungen der sogenannten Goldfasane der Nationalsozialisten. Goebbels wurde in Rheydt geboren.

Das 1994 komplett restaurierte und modernisierte Museum möchte, trotz seiner etwas desperaten Sammlungen, als museales Gesamtensemble der Renaissance gesehen werden.

Adresse Schlossstraße 508, Mönchengladbach | **ÖPNV** Bus 16, Haltestelle Schloss Rheydt | **Anfahrt** A 52, Ausfahrt Schiefbahn Richtung Korschenbroich, dem Straßenverlauf folgen Richtung MG-Rheydt bis zum Schloss Rheydt oder A 61 Ausfahrt MG-Rheydt Richtung Rheydt über Dahlener Straße bis Stadtmitte, links auf Wilhelm-Schiffer-Straße (Rheydter Ring) und halb rechts auf Friedrich-Ebert-Straße, bei Breite Straße rechts abbiegen zum Schloss Rheydt | **Öffnungszeiten** Di–So 10–18 Uhr | **Tipp** Den Rundweg um Schloss Rheydt kann man durch einen ausgedehnten Spaziergang im Naturschutzgebiet Volksgarten-Bungtwald erweitern.

67 Die Krickenbecker Seen
Wie in Finnland

Der Name klingt, als gehörten sie schon ewig zur Landschaft und wären bereits in Georg Forsters »Ansichten vom Niederrhein« (erschienen zwischen 1791 und 1794) einer Betrachtung wert gewesen. Forster, der sich für die Entwicklung der Erdschichten und der Menschen gleichermaßen interessierte (was ihm 1794 zum Verhängnis wurde: Die Jakobiner schickten ihn in Paris aufs Schafott), wäre von den tektonischen Vorgängen um die späteren Krickenbecker Seen sicher begeistert gewesen.

Die Verschiebungen der sogenannten Venloer Scholle und die damit verbundene Absenkung der Süchtelner Höhen bewirkten schließlich, dass der sich nach Osten verlagernde Ur-Rhein die Grundwasserbedingungen in diesem Gebiet nachhaltig veränderte. Ein Prozess, der alles in allem schon vor 30 Millionen Jahren begonnen hatte, aber nochmals eine interessante Wende im beginnenden Holozän erfuhr, als Niedermoore entstanden und mit ihnen im Lauf von etwa 7.000 Jahren eine dicke Schicht Waldtorf. Spätestens seit dem 15. Jahrhundert wurde sie abgestochen und als Brennmaterial verwendet. Aus der Bruchlandschaft wurde so allmählich eine ausgedehnte Seenlandschaft, die um 1800 ihre größte Ausdehnung erreichte und dann beständig verlandete.

Die vier Seen (Poelvenn- und Schroliksee, Glabbacher und Hinsbecker Bruch) bedecken heute noch eine Fläche von etwas mehr als 100 Hektar, was für Naturfreunde ebenso reizvoll ist wie für die vielen Vogelarten, die an den Seeufern und in den Bruchwäldern für konzertante Beschallung sorgen. Graureiher und Haubentaucher bilden mittlerweile die größten Brutkolonien in Nordrhein-Westfalen. Was Tierschützer und Ornithologen aber besonders begeistert oder besorgt, ist das Auftauchen und Verschwinden sehr seltener Arten wie Wespenbussard, Baumfalke, Wasserralle und Sumpfrohrsänger. Man gibt sich alle Mühe, sie an den Seen zu halten und vor der etwa eine Million Menschen zu schützen, die jährlich um ihre Ufer läuft.

Adresse Poelvennsee über Strandhotel Poelvennsee/Plankenheide, Hinsbecker Bruch über Krickenbecker Allee und Schlossallee, Nettetal | **ÖPNV** Bus 095, Haltestelle Heronger Straße, ca. 2,5 Kilometer Fußweg | **Anfahrt** A 61, Ausfahrt Kaldenkirchen, B 221 Richtung Leuth, rechts auf Hinsbecker Straße (B 509), links auf Krickenbecker Allee; zum Poelvennsee weiter auf B 221 und rechts auf Poelvenn | **Öffnungszeiten** ganzjährig | **Tipp** Das über 100 Jahre alte »Forsthaus Hombergen« an der Krickenbecker Allee hat eine gute saisonale Küche, einen schönen Biergarten und ist ideale Station auf Wanderungen und Touren zum Hinsbecker Bruch.

68_ Die Insel Hombroich

Das schönste Kunstmuseum der Welt

Der Kunstsammler Karl-Heinrich Müller hatte nicht nur die Mittel, die nötig sind, eine erstklassige Kunstsammlung aufzubauen. Er hatte auch jene intuitive Geschmackssicherheit, ohne die Sammlungen immer bemüht wirken und allenfalls dem aktuellen Zeitgeschmack verpflichtet sind.

Es mag sein, dass Müller schon früh von der Idee beseelt war, seine verschiedenen Sammlungen irgendwann zu einem einzigen ästhetischen Vergnügen zusammenzufassen.

Anfang der 1980er Jahre und 20 Jahre vor seinem Tod (Müller starb 71-jährig im November 2007) kaufte er das 25 Hektar große Gelände an der Erft. Gemeinsam mit dem Bildhauer Erwin Heerich und dem Landschaftsarchitekten Bernhard Korte erdachte er eine einzigartige Museumslandschaft. Inmitten von ehemals sumpfigen Wiesen und wild bewachsenen Hängen stehen puristische Ausstellungspavillons, die Heerich entwarf und die selbst als begehbare Skulpturen verstanden werden können. Wer Lust und das Empfinden hat, sich auf die Idee des mit Müller befreundeten Malers Gotthard Graubner einzulassen, die Werke weder namentlich zu kennzeichnen noch chronologisch zu ordnen, kann ganz der Poesie der ausgestellten Werke folgen und die komplette Anlage als ein in sich stimmiges Gesamtkunstwerk begreifen. Und so findet man beispielsweise wunderbare Aquarelle von Paul Cézanne, Radierungen von Rembrandt, Assemblagen von Kurt Schwitters, Plastiken von Hans Arp und Mobiles von Alexander Calder neben Kunst und Kultgegenständen aus Südamerika oder Asien.

Spazierwege verbinden die Pavillons. Einer, der erste, der sogenannte »Turm«, ist leer und ganz auf Heerichs Raumidee konzentriert. In einem anderen, dem »Rosa Haus«, einem Lesepavillon, kann man unterstützt durch Bücher zur Ästhetik und mit Blick in das weite Gelände über die Möglichkeiten nachdenken, die Kunst eröffnet.

Adresse Minkel, Neuss-Holzheim | **ÖPNV** Bus 869, 877, Haltestelle Museum Insel Hombroich | **Anfahrt** A 57, Ausfahrt Neuss-Reuschenberg oder A 46 Ausfahrt Grevenbroich-Kapellen, den Schildern »Museum Insel Hombroich« folgen | **Öffnungszeiten** 1. April bis 30. Sept. 10–19 Uhr, 1.–31. Okt. 10–18 Uhr, 1. Nov. bis 31. März 10–17 Uhr | **Tipp** Im Ort Kapellen nahe Hombroich steht das historische Restaurant »Zu den drei Königen«, das vor 300 Jahren Poststation der Route Aachen–Königsberg war und heute in Einrichtung und Küche bürgerliche Traditionen pflegt.

69__Der Kultkeller der Kybele

Das Vermächtnis der Großen Mutter

Genaues weiß man nicht, aber man vermutete von Anfang an einen dramatischen Kontext: Bei der alles in allem optisch ganz unscheinbaren Ausgrabung von 1956 sollte es sich um die marginalen Überreste eines römischen Kultkellers handeln, vermutlich um einen Taufkeller der Kybele, der Großen Mutter. Ein paar in Ton gebrannte Götterfiguren sprachen dafür, die Kleinplastik eines niedergesunkenen Stiers und eine nicht vorhandene Holzdecke, von der man annahm, dass sie einst schwere Lasten tragen musste. Die Fundstelle ist heute für die nächsten 2.000 Jahre mit einem bunkerähnlichen Gebäude überbaut, an dem in großen Lettern »FOSSA SANGUINIS« steht. Blutgraben.

Diese Große Mutter der griechischen Mythologie, später von den Römern nach einer gewonnenen Schlacht adaptiert, war aus dem grausamen Zwitter Agdistis entstanden, nachdem diese mutterlose Sohntochter des Zeus von anderen Göttern kastriert worden war. Von seiner/ihrer Männlichkeit befreit, wurde aus Agdistis Kybele, die große Göttin und letztendlich die Herrin der Welt.

Ihr zu Ehren gab es am Frühlingsanfang ein rauschendes und in Teilen blutrünstiges Fest, bei dem Eunuchenpriester sich in Trance tanzten und Novizen in Erinnerung an Agdistis sich selbst abschnitten, was Männer sonst bei jedem Freistoß schützen. Der antike Freudentaumel kannte auch geheime Initiationsriten, bei denen in geweihten Kultkellern Bluttaufen vollzogen wurden, »nach mystischem und geheimem Gesetz«. Man vermutet, dass der Täufling in einer Art Grube hockte oder stand (wie man sie in Neuss noch andeutungsweise sehen kann). Über ihm auf löchrigem Holzboden wurde ein Stier von Priestern geschächtet, also so verletzt, dass er ausblutend starb. Der Kybele-Täufling fing das Blut nun in der Grube auf, mit dem Mund oder einem Kelch, oder er stand dort beseelt wie unter der Dusche. Die Grube wurde auch als »Brautgemach« bezeichnet, was den Ort noch rätselhafter erscheinen lässt.

Adresse Gepaplatz, Neuss | **ÖPNV** Bus 841, 854, 874, Haltestelle Konradstraße | **Anfahrt** A 57/B 1 (Südring), Ausfahrt Neuss-Hafen, bei Hammfelddamm links auf Kölner Straße, rechts auf Grüner Weg, rechts auf Konradstraße und rechts auf Gepaplatz oder A 57, Ausfahrt Norf auf Norfer Straße (B9), bei Berghäuschensweg rechts, Grüner Weg rechts und weiter s. o. | **Öffnungszeiten** täglich 10–18 Uhr, Schlüssel bei Fam. Heischkamp, Gepaplatz 3 | **Tipp** Im Clemens-Sels-Museum am Obertor sind die Originale der Ausgrabungen zu sehen sowie eine umfangreiche Sammlung zur Geschichte der Stadt.

70 — Die Raketenstation

Pershings zu Poemen

Wenn man nicht ganz genau wüsste, dass die menschliche Neigung, sich gegenseitig bei jeder Gelegenheit den Kopf einzuschlagen, auch heute noch sehr ausgeprägt ist, könnte man die Raketenstation Hombroich für ein wunderbares Symbol der neuen Zeit halten.

Die ehemalige Nato-Basis hielt ein ganzes Arsenal von Pershing-Raketen für den Osten bereit, die den Niederrhein wiederum zu einem bevorzugten Angriffsziel des alten Warschauer Paktes machten. Als die Paranoia mit dem Fall der Mauer endete, wurden die Pershings verschrottet. Der Kunstsammler und Menschenfreund Karl-Heinrich Müller erwarb 1994 das Gelände und schuf mit der von ihm in der Nähe bereits umgepflügten Kunstinsel den Kulturraum Hombroich. Auf dem heutigen Gelände befinden sich Ateliers, Ausstellungsräume und Wohnungen für Künstler, Schriftsteller und Naturwissenschaftler, die zumindest eine Zeit lang von der Stiftung Hombroich unterstützt und durch die Unsicherheiten einer realen Welt getragen werden. Bis zu seinem Tod 2005 lebte Thomas Kling hier, der von vielen Kritikern als der bedeutendste deutschsprachige Dichter nach Gottfried Benn und Paul Celan eingeschätzt wird.

Das Sammlerehepaar Viktor und Marianne Langen brachte seine sehr bedeutsame Japan-Sammlung, die japanische Kunstwerke des 12. bis 19. Jahrhunderts umfasst, und eine im Wesentlichen von persönlichen Vorlieben geprägte Sammlung moderner Kunst des 20. Jahrhunderts in das Hombroich-Projekt mit ein. Sie gewannen den japanischen Ausnahmearchitekten Tadao Ando, Pritzker-Preisträger – vergleichbar dem Nobelpreis und benannt nach Jay A. Pritzker, dem verstorbenen Besitzer der Hyatt-Hotelkette –, für den Bau ihres Museums. Aus Glas und Sichtbeton verwirklichte Ando 2004 ein heute weltberühmtes Beispiel für seine puristische, häufig mit zen-philosophischen Einsichten verglichene Architektur, die Baukunst, Natur und Gesellschaft zu einem schlüssigen und transparenten System vereinigen möchte.

Adresse Raketenstation Hombroich 1, Neuss-Holzheim | **Anfahrt** A 46, Ausfahrt Greven-broich-Kapellen, den Hinweisschildern »Raketenstation Hombroich + Langen Foundation« folgen | **Öffnungszeiten** täglich 10–18 Uhr | **Tipp** Kloster und Mühle Eppinghoven an der Erft in der Nähe von Holzheim sind erhaltene Gebäude des ehemaligen Frauenklosters des Zisterzienserordens aus dem frühen 18. Jahrhundert.

71__Die Skihalle

Immer abwärts!

Es muss ja nicht perfekt sein. Die Berge fehlen, aber man kommt schließlich nicht nach Neuss, um die Landschaft zu genießen. Und alles andere ist da: Schneehasen und Schneeköniginnen, manchmal sogar echte Pistenschweine und verzagte Schleicher, Alpenglühn und Hüttenzauber. Und natürlich jede Menge Schnee, der konstant auf der Idealtemperatur von minus 17 Grad gehalten wird. Und das absolut wetterunabhängig. Dass man auch im Hochsommer eingepackt wie ein Eskimo 300 Meter die Piste hinabwedeln oder im Schuss nach unten jagen kann, treibt den Spaß auf sonst kaum bekannte Spitzen, und die meisten, die hier durch den Schnee purzeln, finden es einfach nur cool oder abgefahren geil.

Dass die Skihalle aber nicht nur sogenannte Flachlandtiroler begeistert, sondern auch höhenerprobte Berufsalpinisten, bezeugen unentwegt Sympathiewerbeträger wie beispielsweise der verschmitzte Wasi Wasmeier, Weltmeister und Olympiasieger im Riesenslalom, und die vorbildlich positiv denkende Gold-Rosi Mittermaier, die zweimal Gold und einmal Silber bei den Winterspielen 1976 in Innsbruck holte. Auch der für gewöhnlich etwas kritisch aufgebrachte, aber konsequent analytische Bergfex Reinhold Messner, der als erster Mensch den Mount Everest ohne Sauerstoffmaske bezwang und auch sonst alle Achttausender bestieg, lobt die alpine Kletterwand hinter der Halle so heftig, dass man schon gar keine Lust mehr hat, in die richtigen Berge zu fahren.

In Neuss hat man einfach alles, sogar ein Alpen-Wegkreuz vor der Stahlkonstruktion und Abfallkörbe, die illusionsgerecht Mistkübel heißen. Wer nicht als Draufgänger Bode Miller oder als Herminator Hermann Maier (die es als Imitate selbstredend immer auf der schnellen Piste gibt) direkt in die Herzen der Neusser Schneehaserln fahren möchte, kann auf den größten Après-Ski-Partys nördlich der Alpen den heimischen DJ Ötzis das Häkelmützchen lüpfen und schauen, was sie tatsächlich drunterhaben.

SalzburgerLand
Ein kleines Paradies

Adresse An der Skihalle 1, Neuss-Grefrath | **ÖPNV** DB Neuss Hbf, Bus 843 Richtung Grefrath, Haltestelle Skihalle | **Anfahrt** A 57 bis Kreuz Neuss-West, dann auf A 46 Richtung Aachen, Ausfahrt Neuss-Holzheim Richtung Grefrath; ab hier Ausschilderung folgen | **Öffnungszeiten** täglich 9–23 Uhr | **Tipp** Im benachbarten Ort Büttgen erinnert ein Denkmal Jan von Werths an der Kirche St. Aldegundis an den vermutlich in Büttgen auf den Weilerhöfen geborenen Reitergeneral des Dreißigjährigen Krieges.

72___ St. Quirinus

Der Marschall hilft immer

Es ist ein bizarres Bauwerk. Fünf Baumeister, nimmt man an, haben an ihm gearbeitet und das Quirinus-Münster, besonders beeindruckend an der Westfassade, virtuos in die Höhe getrieben. Die romanischen Anfänge ihrer irgendwann und erst nachträglich vertieften Krypta stehen noch auf römischen und fränkischen Gräberfeldern. Vielfach verändert wurde sie zu einem voluminösen spätgotischen Kirchenbau, der nach einem großen Brand 1741 ein barockes Dach bekam. Von Osten sieht sie heute eher aus wie eine neugotische Domkirche des 19. Jahrhunderts, während ihre steile Westseite ein rasant gestaffelter Mix aus romanischen und gotischen Stilelementen ist.

Vielleicht war es der römischen Legionärsvergangenheit der Stadt Neuss geschuldet, dass Papst Leo IX. die Reliquien des heiligen Quirinus seiner Schwester Gepa schenkte, die Äbtissin des Neusser Frauenstiftes war. Quirinus wird als einer der vier heiligen Marschälle verehrt, die bei Krankheiten und Seuchen angerufen wurden, wenn die 14 Nothelfer mit ihrem Latein am Ende sind. Im richtigen Leben war Quirinus ein römischer Offizier, vielleicht ein derber und mutiger Bursche, der den Bischof von Rom, Alexander I., in seinem Kerker bewachen musste. Es ist anzunehmen, dass sie im römischen Gefängnis über Gott und die Welt sprachen. Der heilige Alexander kam seiner christlichen Pflicht nach und bekehrte den Heiden. Alexander taufte auch die Tochter des Quirinus, Balbina, die der Legende nach, als sie die Ketten des Bischofs berührte, von einem üblen Halsleiden geheilt wurde. Vater und Tochter, beide heiliggesprochen, starben unter dem Christenverfolger Hadrian den Märtyrertod.

Die Quirinusverehrung erreichte in Neuss ihren Höhepunkt, als die Reliquien während der zehn Monate langen Belagerung durch Karl den Kühnen in eine Bresche der angeschossenen Stadtmauer gestellt wurden und bewirkten, dass Karl die Belagerung 1475 beendete.

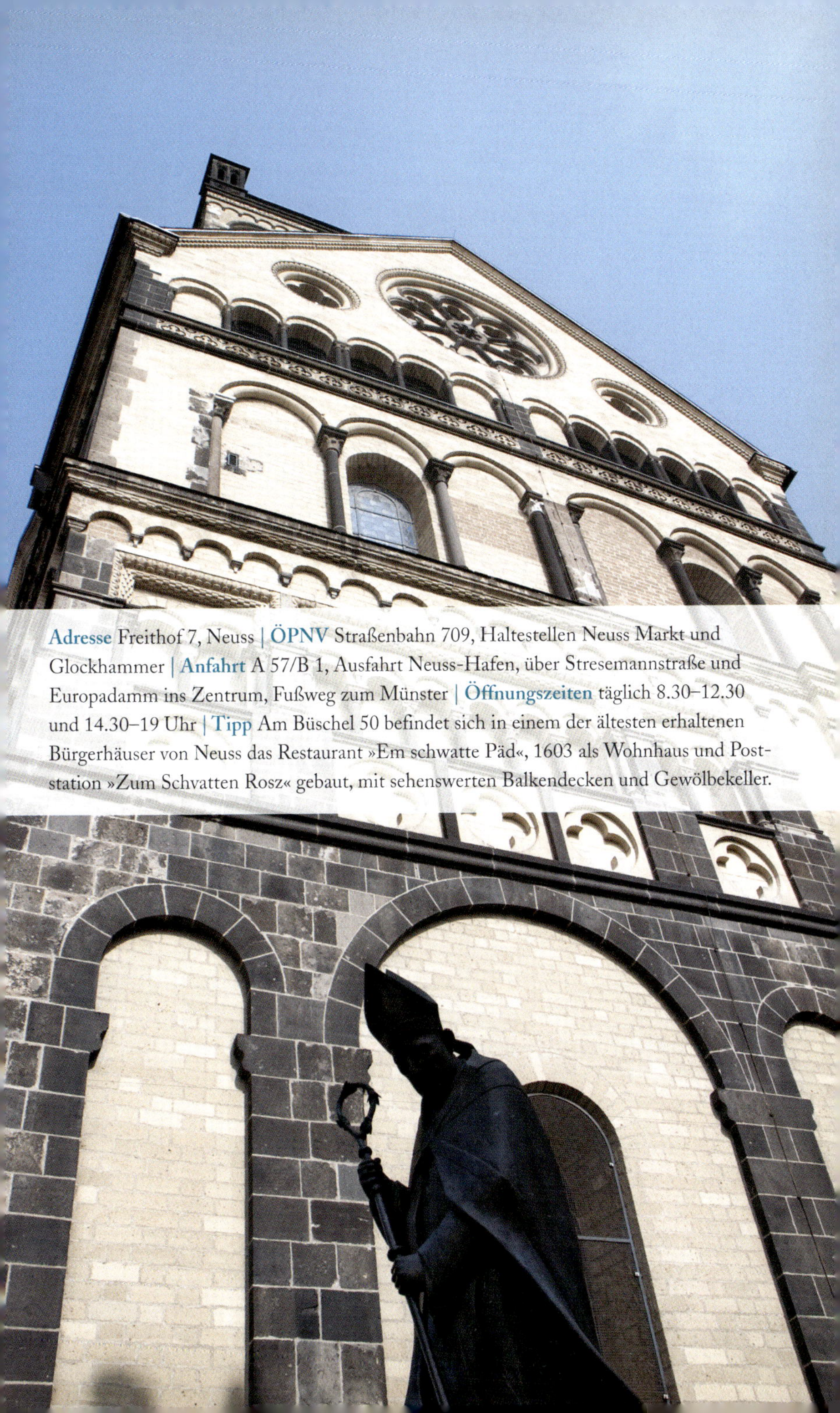

Adresse Freithof 7, Neuss | **ÖPNV** Straßenbahn 709, Haltestellen Neuss Markt und Glockhammer | **Anfahrt** A 57/B 1, Ausfahrt Neuss-Hafen, über Stresemannstraße und Europadamm ins Zentrum, Fußweg zum Münster | **Öffnungszeiten** täglich 8.30–12.30 und 14.30–19 Uhr | **Tipp** Am Büschel 50 befindet sich in einem der ältesten erhaltenen Bürgerhäuser von Neuss das Restaurant »Em schwatte Päd«, 1603 als Wohnhaus und Poststation »Zum Schvatten Rosz« gebaut, mit sehenswerten Balkendecken und Gewölbekeller.

73___Der Bienener Altrhein

Das große Paradies

Er macht die Landschaft erst so richtig schön. Wenn man vom Bienener Deich hinunter und über den Altrhein blickt, der in einer lang gezogenen Schleife nach Nordwesten durch die Weiden und Wiesen fließt, kann man sich des Eindrucks nicht erwehren, in einer unberührten Bilderbuchlandschaft zu stehen. Der Fluss selbst scheint noch ganz archaisch, gesäumt von Schilfgürteln und vereinzelten Büschen, die malerisch an seinen Ufern stehen. Bedeckt ist er im Frühling und Sommer von Teichrosen und gelb blühenden Seekannen, die in strömungsschwachen Altgewässern und Kolken vorkommen. Der Himmel scheint den Fluss blau einzufärben, und die getupften Hochsommerwolken sehen aus, als seien sie einem impressionistischen Gemälde Claude Monets entnommen.

Das Paradies unterhalb des Deichs ist ein Augenparadies und wie die meisten Paradiese unserer Zeit durchaus künstlich. Das tut seiner Schönheit und seinem Wert natürlich keinen Abbruch, aber es hängt am Tropf der Zivilisation, die es gleichzeitig bedroht. Erst das konsequente Umdenken in den 1990er Jahren hat diese Landschaft erhalten und in ihrer von Biologen und Ökologen durchdachten Stimmigkeit geschaffen. Sie versuchen auch heute noch auszugleichen, was der stillstehende alte Fluss aus eigener Kraft nicht mehr kann.

Denn der Altrhein verschlammte und hatte nur noch eine Maximaltiefe von etwas mehr als einem Meter, landwirtschaftliche Abwässer nahmen ihm die Luft, und abgetrennt vom aktiven Rheinbett fehlten ihm die notwendigen Lebensimpulse. Kurz bevor er zu kollabieren drohte, musste dem hypersensiblen System mit Entschlammungskuren und Schutzzonen unter die immer schwächer werdenden Arme gegriffen werden. Heute ist der Altrhein zwischen Bienen und Praest wieder in seine schönste naturnahe Form gebracht. Er liegt vor den Betrachtern wie das Wunschbild des Niederrheins: großartig und schön und scheinbar unberührt von den wechselhaften Zeiten, die ihm nichts anhaben können.

Adresse Zwischen Praest und Bienen, Rees | **ÖPNV** Bus 88, Haltestellen Bienen, Hueth oder Praest Berg | **Anfahrt** A 3, Ausfahrt Rees, B 67 Richtung Rees, rechts auf B 8 Richtung Emmerich; die B 8 verläuft zwischen Bienen und Praest in unmittelbarer Nähe des Altrheins | **Öffnungszeiten** ganzjährig | **Tipp** Das Haus Weegh von 1923 ist das einzige im Zweiten Weltkrieg unzerstörte Haus in Bienen. Sprossenfenster, hölzerne Eingangstür, Fliesen und Treppenhaus sind bis heute unverändert erhalten.

74___Der »Inselgasthof Nass«

Ab der Fisch!

Es ist eine Fahrt über die Dörfer, an Gehöften vorbei, durch feuchte Wiesen, über Bäche, Kanäle und kleine Brücken, vor und hinter Deichen entlang.

Und ziemlich am Ende der Straße, wenn es nicht mehr weitergeht und das Rheinufer fast erreicht ist, in Grietherort gegenüber von Grieth, liegt er, der »Inselgasthof«. Manchmal, bei Hochwasser, ist er nicht zu erreichen oder doch nur, wenn das Wasser maximal bis zur Felge steht. Man fährt durch eine ländliche Idylle, im Sommer und Herbst besonders schön und manchmal im Winter abenteuerlich. Ein fast versteckter, geheimer, wenngleich im nahen Ruhrgebiet weltbekannter und solider Ort, ein Restaurant für Kenner, Spezialisten und Liebhaber.

Hier dreht sich, abgesehen von einigen kleinen Ausnahmen, alles um Fisch. Allein deshalb schmeckt es schon intensiver, ungewohnter, besser; die Fische sind immer frisch, als kämen sie noch direkt aus dem Rhein, der einen Steinwurf weit gegen die Böschung schwappt. Die Zeit der Salmfischer und Aalschokker ist natürlich längst vorbei. Aber bei Nass kann man sich der schönen Illusion hingeben, dass die Aalschokker, antriebslose Plattbodenschiffe, noch irgendwo da draußen an Anker und Beidraht liegen.

Die Süßwasserfische, gelegentlich überraschend groß, lappen zur allgemeinen Freude blau oder paniert über den Tellerrand, begleitet von reichlich gefüllten Sauciéren, randvollen Salatschüsseln und erwartungsfrohen Blicken auch an den Nebentischen. Wer ausgehungert oder fischverrückt durch die Landschaft rollt, wird am Ende bekommen, was er sich vorstellt und anderswo vielleicht kaum vorzustellen wagt: Fisch, gutbürgerlich und nach alter Schule zubereitet.

Die Rezepturen scheinen noch aus einer Zeit zu stammen, als in der Euphorie des deutschen Wiederaufbaus und in Erinnerung an die schlechte Zeit vor allem gern und gut gegessen wurde.

Adresse Grietherort 1, Rees/Grietherort | **Anfahrt** A 3, Ausfahrt Rees Richtung Rees auf B 67, kurz vor der Rheinbrücke rechts auf Wardstraße und Reeserward, links nach Grietherort (den Ausschilderungen folgen) | **Öffnungszeiten** Küche durchgehend Di–So 11.30–21.00 Uhr | **Tipp** Bei Grietherort sollen die von Hobbyanglern bevorzugten besten Zanderangelstellen des Niederrheins liegen.

75 Das »Landhaus Drei Raben«

Licht im August

Es ist im Sommer, wenn man spätnachmittags über Land fährt, genau der Ort, den man sich wünscht: ein Landhaus hell wie der Süden, hinter Hecken und unter alten, himmelhoch gewachsenen Bäumen, mit einer kiesbedeckten Terrasse und Sonnenschirmen, die wie Dächer sind. Der Sommerwind weht über den Altrhein, entfernt brummt ein Motorrad über die kaum befahrene Landstraße, kommt näher und verschwindet wieder, nur die Vögel, die eine Katze ärgern, sind laut. Man hängt seinen Gedanken oder den Worten nach, die von der wirklichen Welt so weit entfernt scheinen wie man selbst in diesem Moment.

Man neigt zu freundlichen Projektionen und leichten Allerweltsplaudereien, und ein bisschen ist es so, als läge man im Gras und schaue den Wolken nach, die so langsam wie möglich über den Fluss und die Felder ziehen. Vielleicht ist es etwas übertrieben zu sagen, dass die Terrasse des »Landhaus Drei Raben« eines der Sehnsuchtsziele am Niederrhein sein kann. Aber wenn man einmal da ist, möchte man unter Umständen nicht mehr weg.

Zwischen Terrakottatöpfen, in denen Oleander und Lavendel wächst, fühlt man sich wie in Ligurien oder der Provence und kann gerade deshalb den Niederrhein und seine unerwarteten Schönheiten nicht genügend loben. Bei Licht betrachtet widerspricht die Landschaft überhaupt immer häufiger den gängigen und etwas trüben Kopfweidenklischees. Von vernebelter Schwermut keine Spur. Kein Wunder also, dass sich hier immer alle wohlfühlten: Römer, Spanier und Franzosen. Die gaben dem Hof auch den Namen, der eine Zeit lang »Jacquetrois« hieß und eingedeutscht zu den »Drei Raben« wurde. An manchen Tagen ist es hier einfach zu schön, was natürlich auch am Wein liegt, an Kaffee und Kuchen und am guten Essen, das den Niederrhein kulinarisch mit dem Oberrhein locker verbindet.

Adresse Reeserward 5, Rees-Reeserward | **Anfahrt** A 3, Ausfahrt Rees Richtung Rees auf B 67, kurz vor der Rheinbrücke rechts auf Wardstraße und weiter auf Reeserward | **Öffnungszeiten** Mi–So ab 11.30 Uhr | **Tipp** Am Reeserward verbinden sich alle typischen Elemente des Niederrheins zu einem stimmigen Bild, und wohl nirgendwo sonst geht die Sonne schöner unter als hier.

76 Die Fossa Eugeniana

Wer andern einen Graben gräbt

Das hatten sich die Spanier schön ausgedacht: In ihrem immerhin Achtzigjährigen Krieg (von 1568–1648) gegen die aufsässigen Niederländer sollte ein Kanal die vereinigten niederländischen Generalstaaten vom lukrativen Rheinhandel abschneiden. Dieser Kanal führte über Äcker und Wiesen von Rheinberg, das damals noch unmittelbar am Rhein lag, über Geldern und Venlo zur Maas durch spanisch besetztes Gebiet.

Der 1626 mit vielen Hoffnungen und ebenso vielen Fehleinschätzungen begonnene Kanal wurde nach Isabella Clara Eugenia benannt, die Statthalterin der spanischen Niederlande war. Gesichert wurde der Kanal von etwa 30 Festungen, Forts und Schanzen, was umgehend die Militärs der Gegenseite auf den Plan rief. Bereits einen Tag vor Baubeginn überquerten niederländische Truppen bei Rees den Rhein. Um ihrem Angriff zuvorzukommen, nahm Heinrich van den Bergh in Diensten des spanischen Königs das Reiterlager der Niederländer im Handstreich. Das wurde als glücklicher Beginn des Kanalprojekts gewertet. Dennoch kam es immer wieder zu Überfällen, bei denen die Niederländer den ausgehobenen Graben einebneten, die Arbeiter massakrierten und die Schubkarren ins Wasser schmissen.

Erschwerend für die Spanier kam hinzu, dass sie sich gleich in zwei wesentlichen Punkten verrechnet hatten: Zum einen stiegen die ohnehin immensen Kosten um das Zehnfache (von 600.000 Gulden auf 6 Millionen); zum anderen hatten ihre Baumeister das erforderliche Schleusensystem nicht genügend bedacht, um das Wasser von Rhein und Maas nivellieren zu können. Der Rhein liegt fast neun Meter höher als die Maas. Als dann die Niederländer unter Prinz Frederik Hendrik noch die Endpunkte des Kanals, Rheinberg und Venlo, erobert hatten, warf auch der letzte Arbeiter den Spaten ins Gras. Der Kanal verlandete und versumpfte, und heute sind nur noch einzelne, meist dicht bewachsene Teilstücke im Gelände auszumachen.

Adresse Werftstraße, Rheinberg-Ossenberg | **ÖPNV** Bus 1, Haltestelle Ossenberg-Kirche | **Anfahrt** A 57, Ausfahrt Rheinberg, B 57 Richtung Xanten, hinter Rheinberg im Ortsteil Ossenberg rechts auf Werftstraße (neben dem Altrhein) | **Öffnungszeiten** ganzjährig | **Tipp** Schloss Ossenberg, nordwestlich von Ossenberg, ist ein ehemaliger Rittersitz, der im 18. Jahrhundert zum Schloss umgebaut wurde. Ein schöner Schlosspark umgibt das heute als Hotel und Restaurant betriebene Anwesen.

77 __ Der Hariksee

Auf dem Kindheitserinnerungsboot

Der Hariksee ist schick geworden. Er präsentiert sich wie im Sonntagsanzug. Frisch gebeizt ist die Andenkenbude, die Wege wirken wie gefegt, moderne Laternen beleuchten die Wege, die früher waldmäßig tiefdunkel und immer ein bisschen vernachlässigt waren. Selbst die Enten schwimmen in Formation, und das Laub scheint im Gleichmaß zu fallen. Das betagte »Inselschlösschen«, das noch im abgeblätterten Zustand der alten Fünfziger-Jahre-Strandkulisse immer eine gewisse Postkarten-Vornehmheit gegeben hatte, glänzt strahlend gelb. Man kann es für Veranstaltungen mieten. Der Kies ist gereinigt, und die noch vor einigen Jahren erschöpften Bohlen der Bootsstege sind durch edle Planken in Segelclub-Optik ersetzt worden.

Alles ist neu. Zumindest für ein Jahr oder eine Saison. Da, wo früher das wunderbar antiquierte Freibad war, dessen einzige Attraktion die Kopfsprünge der Badegäste waren, stehen jetzt nette Wochenendhäuser wie aus einem skandinavischen Ferienkatalog. Oberhalb der Häuser gibt es noch immer die Minigolfanlage, die den schattigen und familiären Sommerferiengeist von gelber Limo und Eis am Stiel atmet.

Wenn die alte »Patschel«, benannt nach dem letzten Fischotter, der in diesem renaturierten Torfsee gelebt haben soll, in See sticht, riecht es nach Erinnerung und Nostalgie, nach harmlosem Vergnügen und nach kindlicher Eroberungslust. Voll besetzt, mit Blick nach vorn, schiebt sie gleitend durch das Wasser. Es sind meist feierlich aufgeräumte Großeltern, die ihren Enkelkindern den Reiz der Seereise und die Schönheiten der Natur vermitteln wollen und doch zwischen den Anlegestellen »Inselschlösschen« und »Mühlrather Mühle« eher ihren eigenen fernen Erinnerungen nachhängen. Sie jedenfalls trauen dem unterhaltsamen Steuermann mit seinen Käpt'n-Blaubär-Pointen zu, dass er schon ganz andere Pötte über den Blanken Hans gesteuert hat.

Adresse Harikseeweg, Schwalmtal | **ÖPNV** Bus 013, Haltestelle Freibad Hariksee |
Anfahrt A 52, Ausfahrt Niederkrüchten Richtung Brüggen auf B 221, bei Alte Kahrstraße
(im Verlauf Kahrstraße) rechts, links auf Wiesenstraße, rechts auf Harikseestraße |
Öffnungszeiten ganzjährig | **Tipp** Die Mühlrather Mühle am Nordufer des Hariksees
besteht seit 1590 und ist seit Anfang des letzten Jahrhunderts Ausflugslokal. Heute
drehen sich die (Eisen-)Mühlräder, um Strom zu erzeugen.

78_ Die KartBahn

Speedmonster

Sonnenbleiche Werbewimpel hängen trocken und starr an der rostigen Umzäunung, und irgendjemand hat einem vollgestopften Abfallkorb übel zugesetzt. Es sieht aus wie nach einem heftigen Wutanfall. Vielleicht hat jemand endgültig sein Rennen gegen die Zeit und die Illusionen verloren, irgendwann ein großer Fahrer werden zu können, oder die Pommes, die jetzt verklebt auf dem Boden pappen, haben einfach nicht geschmeckt. Diese Kartbahn war immer ein Ort männlicher Emotionen.

Die Strecke ist leer. Etwas müde wie der alte Schäferhund vor der Werkstatt liegt sie in der Sonne, überall mit halbierten Autoreifen abgesichert, ein kleiner Hinweis darauf, dass es durchaus brenzlig werden kann. Das Ein-Mann-Starterhäuschen hat auch schon bessere Zeiten erlebt, damals am Anfang vor 40 oder 50 Jahren, und man kann sich ganz gut den ketterauchenden Schaukelbremser darin vorstellen, wie er über die Schulter gewandt stumm und ernst den Fahrern nachsieht, um sie schließlich nach einem überraschenden Ausfallschritt abzuwinken.

Hart und holprig ist die Outdoor-Kartbahn im Lauf der Jahre geworden, eine alte graue Dame mit vielen kleinen Narben im Gesicht, deren ständiges Facelifting auch ihren besonderen Charme ausmacht. Die Karts rumpeln ein bisschen wie auf einer Teststrecke. Man braucht gut gepolsterte Lendenwirbel und darf sich aus blauen Flecken nichts machen. Aber wer weiß, wie man mit einem Kart auch unter nicht ganz idealen Bedingungen umgeht, holt aus der Strecke alles raus. Michael Schumacher und Ayrton Senna haben als Kartkinder begonnen, nicht hier, aber doch auf ähnlichen Kursen.

Vor Kurzem sind die Werkstätten abgebrannt, und die neuen Holzhütten sind nach Jahren die erste große Veränderung. Auch die Toiletten sind in Arbeit. Aber eigentlich sollte man alles genauso lassen, wie es ist: Denn diese Bahn ist der große Klassiker, die »Mutter aller Kartbahnen«, zumindest am Niederrhein.

Adresse Raderberg 2, Schwalmtal-Niederkrüchten | **Anfahrt** A 52, Ausfahrt Niederkrüchten Richtung Niederkrüchten auf B 221, links auf Hochstraße und weiter auf Raderberg; die KartBahn ist ausgeschildert | **Öffnungszeiten** täglich von 10–21 Uhr | **Tipp** Im Elmpter Bruch nordwestlich von Niederkrüchten findet sich auf einem über 50 Hektar großen Areal eine der letzten Wacholderheiden des Niederrheins von teils imposant großem Wuchs.

79__ Die Schwalm

Im Mühlenviertel

Als Karl V., Kaiser des Heiligen Römischen Reiches und König von Spanien, durch den Vertrag von Venlo 1543 das Herzogtum Geldern mit den habsburgischen Niederlanden vereinigte, reichte die Grenze seines Reiches, von dem gesagt wurde, dass darin die Sonne nie untergehe, bis an das linke Ufer der Schwalm.

Das spanische Grenzgebiet der Schwalm war so sumpfig, dass es gegen mögliche Feinde nicht besonders gesichert werden musste. Militärische Bewegungen waren in diesen Niederungen nicht möglich, und wer mit Ross und Reiter auf die andere Seite der Schwalm wollte, musste sie umgehen. Der Wasserreichtum hat sich bis heute, trotz einiger Trockenlegungsversuche in den 1920er Jahren, mehr oder weniger erhalten, wird allerdings aktuell durch Garzweiler II von unten angezapft. Das Grundwasser sinkt, und nur mit aufwendigen Infiltrationsmaßnahmen kann verhindert werden, dass die Auenwälder der Schwalm und ihrer Nebenbäche langsam austrocknen und vertorfen.

An Schwalm, Knippertzbach, Kranenbach und Mühlenbach gibt es noch 36 Wassermühlen, allerdings nur in zweckentfremdeten und manchmal schwer erkennbaren Restbeständen. Gelegentlich wird noch ein Mühlenrad zum Schaulaufen angetrieben, was romantisch aussieht und schöne Geräusche macht. Die optisch attraktivsten Mühlen werden meistens gastronomisch genutzt und sind deshalb die natürlichen Zielpunkte von Wanderern und Radfahrern. Zwischen der Einmündung des Mühlenbachs (bei Molzmühle) und Lüttelforst hat sich die Schwalm in ihrem ursprünglichen Zustand erhalten können. In diesem naturnahen Auenwald kann man mit etwas Glück und auf leisen Gummistiefelsohlen Eisvögel und Gebirgsstelzen am Flussufer sehen. Seltene Pflanzen wie die außergewöhnliche Sumpfcalla und die Moorlilie (Blume des Jahres 2011) wachsen an der Schwalm und ihren Zuflüssen wie auch die großen Schilfröhrichte, mit denen die mittlerweile unter Denkmalschutz stehenden Reethäuser gedeckt werden.

Adresse Zwischen Tüschenbroich und Brüggen | **ÖPNV** Bus 012, Haltestelle u. a. Brüggen Markt, Bus 013 Haltestelle u. a. Brempt/Niederkrüchten, Bus 074 Haltestelle u. a. Waldniel Kirche | **Anfahrt** A 52, Ausfahrt Niederkrüchten auf B 221 Richtung Niederkrüchten/Wegberg oder Richtung Brüggen | **Tipp** Die »Alte Brüggener Mühle«, eine Öl- und Kornmühle aus dem 13. Jahrhundert, die zur Burg Brüggen gehörte, ist seit 1975 Restaurant; die alten Mahlwerke sind noch zu besichtigen.

80_ Der Aussichtsturm

Da unten, das Land

Er ist natürlich immer ein Ziel. Allein schon deshalb, weil er weit über die Ebene und die Bäume herausragt, die ihn umgeben. Schwarz und massiv steht er da, irgendwie offiziell, als observiere er die Landschaft. Mit seinen scharfen Konturen über den unruhigen Bäumen wirkt er ein bisschen bedrohlich, besonders bei Wind und Wetter, wenn die Wolken tief hängen und es oben eigentlich am schönsten ist.

Für Sportskanonen ist er eine Herausforderung: Kaum zu bändigende Mountainbiker strampeln in leichten Gängen rutschend über die Feldwege und durch den kleinen Maronenwald auf ihn zu, um dann seine Stufen im Laufschritt zu nehmen, behelmt und nass wie Feuerwehrleute, die sich verirrt haben.

Oben pfeift der Wind. Bei Sonnenschein blickt man über den friedlichsten Niederrhein, den man sich vorstellen kann; alles ist leicht und schön bestellt wie auf einem frühen Bild von Friedensreich Hundertwasser. Ein grünbraunes Bild, in dem sich nur die Windräder drehen und ein einzelner Traktor eine frische dunkle Furche zieht.

Man erkennt auch mit geografischen Minimalkenntnissen den Xantener Dom, weit weg und spitz, und in dieser Linie, irgendwo hinter ihm, müsste so ungefähr Hamminkeln und dahinter Bocholt liegen. Vor dem Aufstieg liest man, dass der Turm 26 Meter hoch ist und die oberste Plattform genau 100 Meter über dem Meeresspiegel liegt. Man würde also gern wissen, wie weit man tatsächlich schauen kann und was man sehen könnte, wenn der Horizont niederrheinisch bedingt nicht in einem alles eliminierenden blaugrauen Dunst läge. Aber die erläuternde Schautafel benennt nur »Untergrund und Rohstoffe im Raum Sonsbeck«. Das ist natürlich eine didaktische Überraschung. Aber wenn man wieder nach unten steigt, weiß man zumindest, was hier und in der Sonsbecker Schweiz vor 325 Millionen Jahren tatsächlich los war und wie die Kamp-Lintforter an ihre Steinkohle kommen.

Adresse Xantener Straße (L 480), Sonsbeck (nördlich von Sonsbeck, auf dem Dürsberg) |
ÖPNV bSo, Bus 36, Haltestelle Bergrücken, Fußweg | **Anfahrt** A 57, Ausfahrt Sonsbeck
Richtung Sonsbeck/Xanten, ca. 1,5 Kilometer hinter Sonsbeck an der Xantener Straße
(L 480) links Feldweg zum Aussichtsturm | **Öffnungszeiten** ganzjährig | **Tipp** Am Orts-
ausgang von Sonsbeck in Richtung Xanten liegt die Wallfahrtskapelle St. Gerebernus,
die auf das Jahr 1000 zurückgeht, 1578 aber zur gotischen Hallenkirche erweitert wurde;
sehenswert ist u. a. der spätbarocke Gerebernusaltar.

81 Die Hochwaldschneise

Operation »Blockbuster«

Es war eine exzentrische und rückblickend nicht besonders glückli
che Idee, die der kanadische Generalleutnant Guy Simonds hatte:
Der geplante Hauptstoß gegen die letzte deutsche Verteidigungslinie vor dem Rhein sollte nicht wie ursprünglich geplant über die
Reichsstraße 57, sondern über die Bahntrasse der Kleinbahn Goch–
Xanten geführt werden. Die Reichsstraße war von Bombentrichtern
übersät, und die Alliierten befürchteten, dass ihr Angriff auf breiter
Front im unpassierbaren Gelände stecken bleiben könnte. Die Zeit
drängte, da die erhoffte Rheinüberquerung für März geplant war und
das benötigte Material, 60.000 Tonnen Munition und 250.000 Soldaten, in die Bereitstellungsräume gebracht werden musste.

Simonds' Idee, die hochgelegene Trasse für seine Panzer zu nutzen, hatte allerdings zwei wichtige Faktoren nicht berücksichtigt:
Zum einen hatten die deutschen Verteidiger genügend Zeit, sich auf
die geplanten Aktionen der Alliierten einzustellen, da bei der langen
Vorbereitung jedes Überraschungsmoment des Angriffs zwangsläufig fehlen musste. Der deutsche General Schlemm ließ deshalb die
Feuerkraft seiner Geschütze bündeln und auf die Stelle des vermuteten Durchbruchs richten. Zum anderen hatten Simonds und der
kanadische Stab nicht bedacht, dass die Manövrierfähigkeit ihrer
Panzer auf der schmalen Trasse stark eingeschränkt war.

Die Hochwaldschneise konnte erst nach viertägigen Kämpfen,
am Abend des 3. März 1945, erobert werden. Die Kanadier hatten
mehr als 1.100 Mann auf wenigen Kilometern entlang der Trasse
verloren, und etwa 100 Panzer und Panzerfahrzeuge waren von den
Deutschen abgeschossen worden. Eine Gedenktafel an der Bahn-
unterführung in Uedemerbruch erinnert an die schweren Gefechte.
»Blockbuster«, so der Name der Operation, wurde dennoch insofern
ein Erfolg, da sich die Deutschen schließlich in ihren Brückenkopf
vor Wesel zurückzogen, den sie schon am 9. März endgültig räumen
mussten.

Adresse Uedemerbruch, Uedem | **ÖPNV** Bus 45, Haltestelle Uedemerbruch Kirche | **Anfahrt** A 57, Ausfahrt Uedem, auf L 362 Richtung Uedem, rechts auf L 77 Richtung Xanten, links nach Uedemerbruch, links auf Am Bahndamm | **Öffnungszeiten** ganzjährig | **Tipp** Der Uedemer Hochwald nördlich und südlich von Uedemerbruch hat ein gut ausgebautes Netz von Rad- und Wanderwegen und bietet durch seine hügelige Anlage reizvolle Ausblicke in die Landschaft.

IM GEDENKEN

Im Zweiten Weltkrieg, während der Schlacht um Reichswald und Hochwald, verteidigten die Deutschen mit unnachgiebiger Zähigkeit ihr Territorium. Während dieser Schlacht erlitt das South Alberta Regiment (SAR), 29. Kanadisches Panzeraufklärungsregiment, Teil der 4. Panzerdivision und 10. Kanadischen Infanteriebrigade, den schwersten Verlust des Krieges an Männern, Kriegsgefangenen und an Material. Aus diesem Grunde möchten die Veteranen des SAR all denen Respekt zollen, die das höchste Opfer gebracht haben, und hoffen und beten, dass dies nie wieder geschieht.
Mögen sie ruhen in Frieden.

Wir wollen ihrer gedenken.

Officers, Warrant Officers, Non-Commissioned Officers and Troopers
1945 - 1999

IN REMEMBRANCE

In World War Two, during the battles of the Reichwald and Hochwald forests, the German army, defending their own territory, fought with unyielding tenacity. During these battles the South Alberta Regiment (SAR) 29th Canadian armoured reconnaissance regiment, part of 4th Canadian armoured division and 10th Canadian infantry brigade, suffered its heaviest losses of the war, in men, prisoners of war and equipment. Therefore the veterans of the SAR want to pay their respects to all who paid the supreme sacrifice and hope and pray that this never happens again.
May they all rest in peace.

We shall remember them

Officers, Warrant Officers, Non-Commissioned Officers and Troopers
1945 - 1999

45

82 — Der Mooshof
Im Alleingang

Es sieht so aus, als habe sich der Mooshof von den Ereignissen im Februar 1945 nie wirklich erholt. Er macht auch heute noch einen ramponierten Eindruck. Hinter den Gebäuden, zwischen allerlei Gerümpel, steht ein Wohncontainer, und hinter verrosteten Blechen, die als Zaun im Boden stecken, bellt sich ein Hund heiser. An der Außenmauer erinnert eine Tafel an Sergeant Aubrey Cosens. Als er hier in der Nacht vom 25. auf den 26. Februar von einem deutschen Scharfschützen durch einen Kopfschuss getötet wurde, war er 23 Jahre alt. Für seine außergewöhnliche Tapferkeit, seine selbstlose Entschlossenheit und seine Führungsqualitäten in einer fast ausweglosen Situation erhielt er posthum das Viktoriakreuz, die höchste Auszeichnung, die das britische Empire vergibt.

Als Teil der Operation »Blockbuster« griffen kanadische Einheiten nordwestlich des Hochwalds deutsche Stellungen an, um den Durchbruch zum Rhein zu ermöglichen. Der frei im flachen Gelände liegende Mooshof war von deutschen Fallschirmjägern und Panzergrenadieren zu einem gut befestigten Punkt in ihrer Verteidigungslinie ausgebaut worden. Die Kanadier mussten praktisch ohne Deckung über etwa 1.000 Meter offenes Gelände gegen den Hof vorgehen, und als der Zug, dem auch Cosens angehörte, endlich in seine Nähe kam, waren mit Ausnahme von fünf Soldaten alle anderen gefallen oder kampfunfähig. Nachdem auch der befehlhabende Offizier sein Leben verloren hatte, übernahm Cosens für die letzten vier Soldaten das Kommando. Im Deckungsfeuer seiner Kameraden rammte er mit einem führerlosen Sherman-Panzer eines der Gebäude und kämpfte den Hof und seine Gebäude anschließend im Alleingang frei. Cosens tötete die deutschen Verteidiger und konnte einige von ihnen sogar gefangen nehmen. Als er sich am Ende der Kampfhandlung auf den Weg machte, um seinen Kompaniechef über die Situation zu informieren, traf ihn, nur wenige Schritte vom Hof entfernt, die tödliche Kugel.

Adresse Läpperstraße, Uedem | **Anfahrt** A 57, Ausfahrt Goch Richtung Kalkar auf B 67, bei Läpperstraße rechts, dem Verlauf der Läpperstraße einmal links, einmal rechts und wieder links folgen | **Öffnungszeiten** ganzjährig (nur von außen zu besichtigen) | **Tipp** Eine siedlungsgeschichtliche Besonderheit ist das durch Verfügung des preußischen Königs Friedrich Wilhelm III. 1820 für Pfälzer Auswanderer gegründete Louisendorf mit quadratischer Anlage, zentraler Kirche und weitem Dorfplatz.

83__ Die Mommniederung
Schöne Aussichten

Es ist ein wenig so, als habe man die Landschaften zusammengerückt. Die Mommniederung, oft als einzigartige und weit in die Zeiten zurückreichende Kulturlandschaft zwischen Mehrum, Spellen und Voerde beschrieben, liegt in ihrer idyllischen und urländlichen Pracht am Ostufer des Rheins. Auf dem schieben hochmoderne Containerschiffe stromaufwärts Richtung Basel und -abwärts nach Rotterdam – der Duisburger Hafen, der größte Binnenhafen Europas, liegt hinter der nächsten Flussbiegung. Horizontal in der diesigen Ferne, die manchmal bedrohlich nah erscheint, akzentuieren die unübersehbaren Zeichen des Industriereviers, das bei Tag und Nacht seine letzten Schlote unter himmelhohem Dampf hält, die Niederung.

Das bombastische Kraftwerk hinter Götterswickerhamm zeigt die Unerbittlichkeit einer prosaischen und überhitzten Gegenwart, aber mittendrin: Apfelbäume, Schlehen, Weißdornhecken und Kopfweiden, als habe die bäuerliche Welt die andere, bedrohliche und so laut auftretende ganz einfach ignoriert. Auf sogenannten Wurten, die weiter nördlich Warften heißen, stehen alte Bauernhöfe, irgendwie aus der Zeit gerutscht und rundherum in heiler Welt, als würde hier das Butterfass noch von der Magd gedreht, umgeben von Holunder und buntem Lerchensporn: Bilder einer unversehrten Vergangenheit, die fast einen Zug ins Irreale bekommt, wenn Schleiereulen in der Dämmerung über die Wiesen gleiten und Steinkäuze in hohlen Märchenbäumen landen.

Aufgeschüttet wurden die Wurten, als der Rhein noch jahreszeitlich bedingt über die Ufer trat und das Weideland regelmäßig unter Wasser und Eis setzte.

Erst seit 80 Jahren ist die Mommniederung hochwasserfrei. Geologen vermuten, dass der bescheidene Mommbach, der der Landschaft den Namen gibt, ursprünglich ein starker Rheinarm war und die Niederung im Nordosten umschloss.

Adresse Zwischen Ork und Götterswickerhamm westlich von Voerde | **ÖPNV** Bus 81 Haltestellen Götterswickerhamm, Mehrum, Ork | **Anfahrt** A 3, Ausfahrt Hünxe, auf L 463 und B 8 Richtung Voerde und weiter Richtung Dinslaken, rechts auf L 4 nach Götterswickerhamm, Mehrum und Ork (L 4 verläuft durch die Mommniederung) | **Öffnungszeiten** ganzjährig | **Tipp** Die Ursprünge des Wasserschlosses Haus Voerde in der Nähe von Götterswickerhamm liegen in der Zeit um 1200; durch An- und Umbauten in späteren Jahrhunderten entstand das Ensemble eines Romantikschlosses, in dem besonders gerne geheiratet und gefeiert wird.

84 Die Altstadt

Fast wie früher

Als der große Stadtbrand von 1708 die Stadt in Schutt und Asche
legte, hatten die Wachtendonker, was damals niemand ahnen konnte, das Gröbste endlich hinter sich. Nach 300 Jahren Streit, Krieg
und Plünderung war alles vorbei, denn es gab praktisch nichts mehr,
für das es zu streiten und zu plündern lohnte.

1407, als die große Unruhe begann, sah das noch anders aus: Herzog Rainald von Geldern, machtbesessen und aggressiv wie seine
Vorfahren, eroberte Stadt und Burg. Kurze Zeit später gehörte das
Amt Wachtendonk den Herzögen von Kleve, dann wechselweise
beiden Herzogtümern, bis es schließlich im 16. Jahrhundert zu Burgund und zu den spanischen Niederlanden kam, um dann im Achtzigjährigen Krieg (1568–1648) als Festung der abtrünnigen Provinz
Gelderland von Spanien und Niederländern umkämpft zu werden.
Wachtendonk war, was man der Stadt heute nicht mehr ansieht, ein
gefährlicher und ungemütlicher Ort.

Der lange wohlverdiente Schlaf begann nach dem letzten Stadtbrand, und selbst im Zweiten Weltkrieg, als fast alle niederrheinischen
Städte bis auf die Grundmauern zerbombt wurden, gab es in Wachtendonk nur verhältnismäßig geringe Schäden.

Ein Glück für die Stadt und ein Glück für den Niederrhein, denn
so gibt es zumindest noch ein authentisches Ortsbild des 18. und
19. Jahrhunderts, das zeigt, wie es auch in anderen Städten aussehen
könnte, deren historische Substanz in großen Teilen für immer verloren ist.

Das ganze innerstädtische Ensemble steht deshalb unter Denkmalschutz, und den schönsten architektonischen und stimmungs-
vollen Einblick erhält man in der Weinstraße, deren Einmündung in
die Feldstraße dem besonders schönen Haus Püllen aus dem Jahr
1634 direkt gegenüberliegt. In dem auffälligen Haus mit der rosa-
farbenen Fassade und dem geschwungenen Doppelgiebel ist heute
das Naturparkzentrum Schwalm-Nette untergebracht.

Adresse Feldstraße 35, Wachtendonk | **ÖPNV** Bus 063 und 069, Haltestelle Kuhdyck | **Anfahrt** A 40, Ausfahrt Wachtendonk Richtung Wachtendonk, am Kreisverkehr links auf Friedensplatz und weiter auf Feldstraße | **Öffnungszeiten** Naturparkzentrum in Haus Püllen Di–So 9–12.30 und 13–17 Uhr | **Tipp** Der Pulverturm an der südlichen Stadtmauer war nach seiner ursprünglichen Bestimmung als Wehrturm später Gefängnis und Getreidelager der Stadt. Das seit 1605 unveränderte Backsteingebäude wird heute als Restaurant genutzt.

85 Das Birgelener Pützchen

Sonntags nach dem Essen

Die ersten Besucher waren durchaus prominent, und wenn man den Überlieferungen glauben darf, haben gleich zwei fulminante Urbischöfe an der Quelle im Birgelener Wald die Heiden beim Schopf gepackt und getauft. Da war zum einen der heilige Lambertus, Bischof von Maastricht, Märtyrer und Kämpfer für den rechten Glauben, oft mit einem Schwert dargestellt, durch das er starb. Der andere war der heilige Willibrord, der »Apostel der Friesen«, der seinen Missionseifer auch am Niederrhein in die Tat umsetzte und das weltberühmte Kloster in Echternach gründete. Beide Bischöfe werden für die heilige Quelle (Pützchen = Quelle) bemüht, was ein Indiz dafür ist, dass das Pützchen vermutlich schon den Germanen und ihren Göttern ein heiliger und besonderer Ort war. Die historischen Barbaren haben leider keine sichtbaren Spuren hinterlassen, nur die gegenwärtigen, die den Kreuzweg zum Pützchen gelegentlich zerstören oder die Kapelle in Brand setzen.

Am Pützchen wird, wie an vielen christlich umgedeuteten Quellen, die Jungfrau Maria verehrt. Das Wasser heilt angeblich zuverlässig, besonders bei Augenkrankheiten, und einige Votivtafeln bezeugen, dass hier im Wald erhört wird, wer darum bittet. Kleine Wunder geschehen noch immer, auch wenn die Vergangenheit darüber mehr zu berichten weiß als die Gegenwart.

Die letztendlich in ihren bescheidenen Ausmaßen kindgerechte Kapelle hat besonders in den Zeiten ungetrübten Familienglücks der 1950er und 1960er Jahre das Pützchen zu einem beliebten Ausflugsziel werden lassen. Nach dem Essen, sonntäglich wohlgelaunt und sichtbar für alle herausgeputzt, war das Pützchen ein Ziel für die ganze Familie. Mütter und Väter im Sonntagsanzug, kleine Jungen, die perlenbesetzte Fliegen trugen, und Mädchen mit Schleifen im Haar. Vermutlich auch, um sich diese Sonntage wiederzuholen, ist die Kapelle heute das Ziel vieler Großeltern mit ihren irritierend bunten Enkelkindern.

Adresse Pützchensweg, Wassenberg-Birgelen | **ÖPNV** Bus 405, Haltestelle Birgelen Kirche | **Anfahrt** A 46, Ausfahrt Hückelhoven-West Richtung Wassenberg auf L 117 und B 221, in Wassenberg auf Roermonder Straße nach Birgelen, bei Lambertusstraße rechts auf Pützchensweg; Fußweg durch den Wald zur Kapelle | **Öffnungszeiten** täglich | **Tipp** Auf Burg Wassenberg, einer Höhenburg des 11. Jahrhunderts, von der nur der Bergfried vom Anfang des 15. Jahrhunderts erhalten ist, soll schon Karl V. übernachtet haben; heute ist die Burg Hotel-Restaurant.

86__Der Grenzlandring

Ohne Boxenluder

Als die Hoffnungen und Phantasien, die sich mit dem Grenzlandring verbanden, am größten und am schönsten waren, raste der Berliner Rennfahrer Helmut Niedermayr mit seinem Formel-2-Rennwagen Veritas-Meteor in die Zuschauer – 14 Tote, 42 Verletzte. Damit war das Schicksal der angeblich »schnellsten Rennstrecke Europas« besiegelt. Nach dem 31. August 1952 fanden keine Autorennen mehr statt.

Der eiförmige Rundkurs um Wegberg und Beek war als Rennstrecke erst drei Jahre zuvor gewissermaßen »entdeckt« worden, als ein Lokalpolitiker »versehentlich« im Kreis gefahren und ihm ein Licht in der Dunkelheit aufgegangen war: Das hier könnte die Avus des Westens sein und vielleicht ähnlich populär werden wie die Berliner Stadtrennstrecke. Aus zwei Umgehungsstraßen, die der deutschen Wehrmacht während des Kriegs zur Versorgung ihres Bunkerpropagandawalls gedient hatten, ließ sich dieser schnelle Rundkurs basteln, der ganz aus Betonplatten erbaut und ähnlich den Reichsautobahnen harmonisch und leicht geschwungen in der Landschaft lag. Die neun Kilometer lange Strecke ließ fast futuristische Höchstgeschwindigkeiten zu, und bereits im zweiten Rennen wurde das Stundenmittel auf über 200 Stundenkilometer angehoben.

Nach Stillstand und Zerstörung in den letzten Kriegsjahren begeisterten sich die Rheinländer für das hyperschnelle Motorenspektakel, und an guten Renntagen sollen bis zu 300.000 Zuschauer gekommen sein. Dennoch waren die Renntage mehr oder weniger improvisiert, da der Wegberg-Ring immer erst zur Rennstrecke umgerüstet werden musste. Tribünen, Start und Ziel und so etwas Ähnliches wie eine Boxengasse wurden vor den Rennen auf und nach den Rennen wieder abgebaut. Die Zuschauer trennte ein Draht von der Strecke.

Das ist auch der Grund, warum heute absolut nichts mehr an die schnelle Vergangenheit erinnert, die eigentlich hätte Zukunft sein sollen, wenn man von den vielen Jungs absieht, die versuchen, die Blitzkästen auszubremsen.

Adresse Ring um Wegberg | **Anfahrt** A 46, Ausfahrt Erkelenz-Ost, B 57 Richtung Mönchengladbach, links auf L 127 nach Wegberg oder A 61, Ausfahrt MG-Holt Richtung Rheindahlen, B 57 Richtung Erkelenz, rechts auf L 127 nach Wegberg oder A 52 Ausfahrt Hostert, L 3 Richtung Wegberg | **Öffnungszeiten** ganzjährig | **Tipp** An der L 127 in Richtung Wegberg liegt im Ortsteil Kipshoven die kleine gotische Heilig-Kreuz-Kapelle von 1492. Bedeutend sind die erst 1968 entdeckten spätgotischen Wand- und Deckenmalereien von 1522 u. a. mit der Passion Christi im Mittelschiff.

87 __ Haus Wildenrath
Wieder am Anfang

Die Geschichte von Haus Wildenrath als Besitzung der Grafen von Wassenberg reicht bis ins 12. Jahrhundert zurück. Der heutige Hof ist nicht ganz so alt, aber doch immerhin 300 Jahre, und bis vor einem halben Leben wurde er landwirtschaftlich genutzt. Für das ökologische Bewusstsein des gesamten Niederrheins ist er von besonderer Bedeutung, da hier 1970 das erste Umweltbildungszentrum Deutschlands eingerichtet wurde.

Für den damals vorbildlichen Naturlehrpark wurde das gesamte 25 Hektar große Gelände vermessen, kartografiert und in seinen relevanten biologischen Beständen erfasst. Aufwendige Karten verzeichneten die überraschende Vielfalt der Tier- und Pflanzenwelt, und die erstaunten Besucher konnten sich die manchmal hypersensiblen Bedingungen erläutern lassen, unter denen in diesem abwechslungsreichen Gelände Pflanzen wachsen. Jeder Baum wurde damals erfasst, und über *Carabus problematicus*, auch als sechsbeiniger Blauvioletter Waldlaufkäfer bekannt, oder *Ligidium hypnorum*, die nicht besonders hübsche, aber faszinierende Sumpfassel, wurden ebenso exakte Statistiken angelegt wie über alle anderen hier vorkommenden Kleintiere, denen der zweibeinige Normalläufer für gewöhnlich wenig Aufmerksamkeit schenkt.

Als die Anfangseuphorie verflogen war und die treibenden Kräfte hinter dem ambitionierten Projekt nachließen, ging es, beschleunigt durch kommunale Kleinpolitiker, ständig bergab. Erst 2003 pachtete der Naturschutzbund im allerletzten Moment das Gelände für einen symbolischen Preis und baute mit viel Enthusiasmus und meist jugendlichen Naturschützern den Hof und seine Ländereien wieder auf.

Auch heute gibt es als Teil einer intensiven Wiederbelebung vermutlich glückliche Kühe und selbstbewusste Hühner, Lämmer, die sich wie Junghunde benehmen, und den seltenen schwarzen Großspitz, der hier wie zu Wilhelm Buschs Zeiten gezüchtet wird. Workshops und Kurse erläutern, warum es zu erhalten lohnt, was noch vorhanden ist.

Adresse Naturparkweg 2, Wegberg-Wildenrath | **ÖPNV** Bus 413, Haltestelle Wildenrath Kirche | **Anfahrt** A 46, Ausfahrt Hückelhoven-West Richtung Wassenberg, in Wassenberg auf B 221 nach Wegberg, in Wildenrath links bei Auf dem Kirchkamp zum Haus Wildenrath | **Öffnungszeiten** ganzjährig, Veranstaltungen nach Ankündigung oder Absprache, Büro Di–Fr 10–15 Uhr | **Tipp** Im angrenzenden Dalheimer Wald kann man entlang den Heide- und Moorseen bis nach Holland wandern und die zahlreichen Quarzsandberge als Aussichtspunkte nutzen.

88__ Die Molzmühle
Unten tief im Tale

Mühlen sind romantisch – vor allem für Menschen, die mit beiden Beinen fest auf dem Boden digitalvernetzter und virtueller Welten stehen, und ganz besonders wenn noch ein Mühlrad vom Wasser zum Schaulaufen angetrieben und die Mühle gastronomisch genutzt wird. Man ist für gewöhnlich schnell bereit, die gepixelte und facebooklastige Gegenwart aufzugeben. Früher war's doch irgendwie schöner. Zumindest für einen Moment oder einen Nachmittag, einen Abend und manchmal sogar ein ganzes Wochenende, wenn man die Natur plötzlich für sich mit heißen Wangen wiederentdeckt und in jenen indifferent wohligen Zustand gerät, den man allgemein und marketingtechnisch als Seele-baumeln-lassen kennt.

Die Molzmühle ist heute eine Hotel-Restaurant-Mühle, in deren Gastraum noch der original erhaltene Kollergang, also das eigentliche Herzstück einer Mühle, bewundert und besichtigt werden kann: Beinahe erschüttert stellt man fest, wie simpel manche Dinge funktionieren und doch effektiv sein können. In ihrer vorgastronomischen Zeit war die Mühle mehr als 400 Jahre in Betrieb, von 1506 bis 1930. Unter dem Namen Priorsmühle gehörte sie zuerst dem Kreuzherrenkloster in Wegberg, was noch 1775 durch Kaiserin Maria Theresia – der Niederrhein war auch eine Zeit lang österreichisch – bestätigt wurde. Erst nach der Säkularisation, mit der Enteignung der Klöster, wurde die Molzmühle, mittlerweile benannt nach einer Pächterfamilie aus dem 17. Jahrhundert, verkauft.

Ihre gastronomische Zweitkarriere begann 1926. Heute und insbesondere seit den letzten zwei Jahrzehnten zählt sie zu den beliebtesten Ausflugsmühlen im Schwalmtal und am Niederrhein. Was nicht nur an ihrer alten, weiß getünchten und efeuumrankten Schönheit liegt, sondern auch an einem eigenartig verschrobenen, aus vielen Versatzstücken zusammengesetzten Gastgarten und einem Mühlenteich, der wie verwunschen in der Abenddämmerung die Phantasie beflügelt.

Adresse In Bollenberg 41, Wegberg | **ÖPNV** Bus 408, Haltestelle Rickelrath/Molzmühle, ca. 10 Min. Fußweg | **Anfahrt** A 52, Ausfahrt Hostert, rechts Richtung Steeg (L 371), in Steeg rechts auf Rickelrather Straße (L 3), hinter Rickelrath rechts auf In Bollenberg zur Molzmühle | **Öffnungszeiten** Mo u. Di ab 17 Uhr, Mi–So ab 11 Uhr | **Tipp** Im Ortsteil Schwaam in der Nähe der Molzmühle kann man aufwendig restaurierte riedgedeckte Fachwerk- oder Backsteingehöfte aus dem 17. und 18. Jahrhundert sehen.

89 — Die alte Eisenbahnbrücke

Von einem Ufer zum andern

Lang gestreckt und wild bewachsen liegt sie in den Wiesen. Betreten darf man sie natürlich nicht, Schilder warnen überall vor Einsturzgefahr und Steinschlag – was einige Hobbyalpinisten ermuntert hat, sich an einem ihrer Pfeiler fotogen in Schräglage abzuseilen, als hingen sie an der Eigernordwand.

Mit ein paar Fakten der deutschen Endzeitgeschichte im Kopf sucht man sie nach Einschusslöchern ab. Einige komplett herausgesprengte Stücke könnten Volltreffer gewesen sein. Tagelang lag sie unter heftigem Artilleriefeuer. Die Alliierten hatten sie vergeblich bombardiert, zuerst um die deutschen Truppen vom Nachschub des rechten Rheinufers abzuschneiden, dann um den Rückzug über den Rhein an eben dieses Ufer zu verhindern.

Unter gewissen Aspekten war die Weseler Eisenbahnbrücke der alles entscheidende Ort der Operation »Blockbuster II«, die am 8. März 1945 morgens um fünf Uhr mit einem Trommelfeuer auf Xanten begonnen hatte. Zwei Tage zuvor hatten die Briten die Höhen der Bönninghardt erobert und konnten nun tief in den letzten Brückenkopf der Deutschen einsehen, der nur noch ungefähr 15 Kilometer breit und 12 Kilometer tief war. Elf Artillerieregimenter nahmen den Brückenkopf mit schätzungsweise 1.300 Geschützen unter Dauerfeuer, unterstützt von Bombern und Jagdgeschwadern. Hitler hatte ausdrücklich verboten, den Weseler Brückenkopf zu räumen. Erst als General Schlemm, der deutsche Befehlshaber der Heeresgruppe H, einen Offizier aus dem Generalstab angefordert hatte, damit der sich ein Bild der infernalischen Zustände im ausweglosen Kampf um den Brückenkopf machen konnte, kam am 9. März der Befehl zur Räumung. Am anderen Morgen wurde die Eisenbahnbrücke von deutschen Pionieren gesprengt. Die Nachhut, die den deutschen Rückzug deckte, ergab sich in den noch heute erhaltenen Ruinen von Fort Blücher neben der Auffahrt zur Brücke.

Adresse Im Rheinbogen nördlich von Büderich, Wesel | **Anfahrt** A 57, Ausfahrt Alpen in Richtung Wesel, B 58 bis Ortsende Büderich, links auf Xantener Straße (L 460), rechts auf Perricher Weg, vom Abzweig Fort 1 (Wirtschaftsweg) zu Fuß bis zur Brücke oder A 3, Ausfahrt Wesel, der B 58 auf die andere Rheinseite folgen, rechts auf Xantener Straße, weiter s. o. | **Öffnungszeiten** ganzjährig | **Tipp** Neben der Eisenbahnbrücke liegt das noch vollständig erhaltene Fort 1, das zur Befestigung und Verteidigung der damals neuen Rheinbrücke 1872 von der Cöln-Mindener Eisenbahn errichtet wurde.

90___Das Berliner Tor

Abschied von Preußen

Die Festung, in die es einst führte, gibt es nicht mehr. Auch die Preußen sind für immer verschwunden. In dieser bedeutendsten preußischen Festungsstadt am Rhein erinnert nur noch wenig an Preußens Glanz und Gloria: Das Museum im ehemaligen Körnermagazin der Festung bemüht sich um anschauliche Vermittlung historischer und sozialer Zusammenhänge; der mächtige Willibrordi-Dom, ursprünglich katholisch und dem »Apostel der Friesen« geweiht, zeigt über den Seitenportalen die Standfiguren seiner preußischen und protestantischen Schutzherren, Friedrich Wilhelm I., Kurfürst von Brandenburg, und den ersten evangelischen Kaiser, Wilhelm I. In den Rheinauen stehen heruntergekommen noch die Reste des Forts Blücher (in dem sich die letzte deutsche Nachhut des infernalischen Weseler Brückenkopfes 1945 den Briten ergab), und am Rand der östlichen Innenstadt erinnert dieses einzige erhaltene Festungstor, umgeben von Nachkriegsbauten, an Wesels Preußenzeit.

Vollendet wurde es 1722 im Stil des preußischen Barock nach den Plänen von Festungsbaumeister Jean de Bodt. Funktionslos hat es heute den Charakter eines begehbaren Denkmals, denn auf der im Zweiten Weltkrieg völlig zerstörten Stadtseite des Tores befindet sich ein italienisches Restaurant mit der vermutlich schönsten Terrasse in der Weseler Innenstadt. Der Weg dorthin führt durch ein hochdekoratives Treppenhaus, das mediterrane Urlaubsassoziationen in Gips und Schnörkel zeigt, mit den bunten Verheißungen südlicher Küstenlandschaften: Die Preußen hatten sich in ihren schönsten Phantasien immer gewünscht, das Arkadien des Nordens zu sein.

Auch die prächtige Feldseite offenbart einen alten preußischen Wunsch. Über der Figur des im Kampf unbesiegbaren griechischen Helden Herakles steht in ein Relief, das einen ruhenden Löwen zeigt, in Stein gemeißelt »In ipsa quiete timendus«: Selbst in Ruhe furchtbar.

Adresse Berliner-Tor-Platz 1, Wesel | **ÖPNV** DB, Haltestelle Wesel Bahnhof, SB 3, SB 6, SB 21, Haltestelle Bahnhof | **Anfahrt** A 3, Ausfahrt Wesel, B 58 bis Franz-Etzel-Platz, rechts auf Wilhelmstraße oder A 57, Ausfahrt Alpen in Richtung Wesel, B 58 bis Franz-Etzel-Platz, links auf Wilhelmstraße | **Öffnungszeiten** ganzjährig | **Tipp** Auf der Korbma-cherstraße befindet sich das sogenannte Lutherhaus, die ehemalige Kirche der lutherischen Gemeinde in Wesel, die 1729 in einem Wohnhaus des frühen 17. Jahrhunderts gegründet wurde.

91 __ Die Heresbachkapelle im Dom

Die verlorene Bibliothek

Unter Kunstwissenschaftlern gilt der Willibrordi-Dom »als der groß-artigste historische evangelische Kirchraum des Rheinlandes«. Wenn diese Bezeichnung des »Kirchraums« auch etwas dünn und prosaisch klingt und die gewaltige räumliche Komplexität der Kirche nur summarisch erfasst, freut diese Einschätzung natürlich auch die rheinischen Katholiken: Denn der Weseler Dom war ursprünglich katholisch und dem heiligen Willibrord geweiht. Der Dom unterstand dem Kloster Echternach, und der Patron selbst war der erste Bischof von Utrecht. Ein früher Vorgängerbau wurde um 780 errichtet, der Dom in seiner heutigen spätgotischen Erscheinung zu Anfang des 16. Jahrhunderts. Ungefähr mit seiner Fertigstellung beschloss der Stadtrat von Wesel, ihn der reformierten Gemeinde zur Verfügung zu stellen, und bereits 1612 wurden alle Altäre und Heiligenfiguren aus dem Dom entfernt.

Die taglichte, karge Aufgeräumtheit lenkt die Blicke wie selbst-verständlich auf die architektonischen Stilelemente. Das Schleifen-Sterngewölbe in der heute sogenannten Heresbachkapelle ist von ei-ner virtuosen Schönheit und Leichtigkeit, die die Schönheit des zu erwartenden Himmels ahnen ließ. In dieser Kapelle ist der berühm-te Humanist, Pädagoge, Theologe, Diplomat und Rechtsgelehrte Konrad Heresbach beigesetzt. Er starb 1576 im Alter von 80 Jahren. Zu seinen Lebzeiten war er ein Freund Erasmus von Rotterdams und korrespondierte mehr als drei Jahrzehnte mit dem bedeutenden Reformator Philipp Melanchthon.

Es war eine schöne Geste, dass neben seinem Grab, an der Wand in der heutigen Kapelle, seine berühmte und in seiner Zeit beein-druckend große Bibliothek von fast 2.000 Bänden für annährend 200 Jahre aufbewahrt wurde. Erst der Ungeist, den auch die Schrif-ten der großen Humanisten nicht verhindern konnten, zerstörte sie im 20. Jahrhundert.

Adresse Großer Markt, Wesel | **ÖPNV** SB 6, SB 21, Bus 37, 66, 68, 83, 86, Haltestelle Großer Markt | **Anfahrt** A 3, Ausfahrt Wesel, B 58 bis Kreuzung Oberndorfstraße, rechts auf Südring (B 8) und rechts auf Willibrordiplatz oder A 57, Ausfahrt Alpen in Richtung Wesel, der B 58 über den Rhein bis Oberndorfstraße folgen, links auf Südring (B 8) und rechts auf Willibrordiplatz | **Öffnungszeiten** Di–Fr 14.30–17, Mi und Sa 10–12 Uhr, von Ostern bis Okt. Sa, So und feiertags 14.30–17 Uhr, Gottesdienst So 10 Uhr | **Tipp** In der Weinbar und Weinhandlung »WeinZeit« unter den Arkaden am Großen Markt werden große Weine und kleine Gerichte, Delikatessen und ein schneller Espresso angeboten.

92 Das Hotel »Wacht am Rhein«

Die Hüter des Stroms

Der heute völlig vergessene Max Schneckenburger dichtete 1840 gegen eventuelle linksrheinische Territorialansprüche der Franzosen »Die Wacht am Rhein«. In der Vertonung des heute ebenso vergessenen Chorleiters Karl Wilhelm und mit dem Sieg der Preußen über Frankreich 1870/71, der zur Gründung und Proklamation des Deutschen Reichs in Versailles führte, erreichte das Lied eine zumindest rückblickend fast beängstigende Popularität, die erst mit der Kapitulation Deutschlands 1945 endete.

Bis dahin und auch zur patriotisch völlig trunkenen Kaiserzeit wurde das Lied immer dann gern gesungen, wenn es darum ging, die deutsche Heldenbrust abzuhorchen. »Bieder, fromm und stark«, mit »stolzer Kampfeslust«, »wie Donnerhall, wie Schwertgeklirr und Wogenprall« sollten sie dafür sorgen, dass kein Feind das Ufer des Rheins betritt: »Wer will des Stromes Hüter sein? – Am Rhein, am Rhein, am deutschen Rhein / wir alle wollen Hüter sein.« Überall entlang dem Rhein wurden Kneipen, Restaurants, Hotels und Ausflugslokale nach dem Lied benannt und zeigten neben der hysterischen auch die genießerische Seite deutscher Patrioten.

Es ist nicht überliefert, ob Winston Churchill am 25. März 1945 die Ironie und Symbolik genoss, ausgerechnet vom Balkon des Hotels »Wacht am Rhein« den Übergang seiner Truppen über den Rhein zu beobachten. Anzunehmen ist es schon. Denn Churchill liebte Symbole und symbolische Handlungen. Gemeinsam mit dem britischen Feldmarschall Bernard Montgomery, der die Invasion am Niederrhein vorbereitet hatte, und dem amerikanischen General Dwight D. Eisenhower, dem Oberbefehlshaber der alliierten Streitkräfte in Europa und späteren Präsidenten der USA, verfolgte Churchill diese letzte und entscheidende Schlacht am Niederrhein, von der alle Beteiligten wussten, dass sie das Ende des Dritten Reichs bedeuten würde.

Adresse Rheinallee 30, Wesel-Büderich | **ÖPNV** Bus 37, 66, 67, 68 Haltestelle Marktstra-
ße | **Anfahrt** A 57, Ausfahrt Alpen in Richtung Wesel, B 58 bis Büderich, rechts in Rhein-
allee oder A 3, Ausfahrt Wesel in Richtung Wesel, B 58 über den Rhein bis Büderich, links
in Rheinallee | **Öffnungszeiten** täglich ab 11.30 Uhr, Di Ruhetag | **Tipp** Außerhalb Büde-
richs auf offenem Feld liegen die Reste der ehemaligen Fortanlage Fort Blücher, ursprünglich »Citadelle Napoléon«. Napoleon hatte 1813 den Abriss Büderichs verfügt, um Wesel
besser verteidigen zu können, was ihm letztendlich aber misslang.

93__ Das Peter-Minuit-Denkmal

In der Neuen Welt

Es ist ein Denkmal der Wahrscheinlichkeiten. Wahrscheinlich wurde Peter Minuit zwischen 1584 und 1595 in Wesel als Sohn eines wallonischen Emigranten geboren, und wahrscheinlich war es Minuit, der 1626 im Tauschhandel (vermutlich gegen den üblichen Kolonistentinnef im Gegenwert von 60 Gulden) die Insel Manhattan von den Algonquin-Indianern abkaufte. Mit diesem Kauf, der heute aus verschiedenen und ganz offensichtlichen Gründen als sittenwidrig eingestuft würde, gilt Minuit als der Gründer von New York. Zumindest wird er in diesem Jahr der erste Gouverneur dieser niederländischen Siedlung. Allerdings kann heute nicht mehr geklärt werden, ob er oder Peter Stuyvesant, der 1649 diesen Handelsposten der Niederländischen Westindien-Kompanie als Stadt ausbauen und befestigen ließ, den Titel des Gründers für sich in Anspruch nehmen darf. Eine erste Stadturkunde wird erst 1683 ausgestellt, nachdem die Engländer aus der Kolonie die englische Kolonialstadt New York gemacht hatten.

Minuit überwarf sich mit seinen Auftraggebern, wurde aus der Niederländischen Westindien-Kompanie ausgeschlossen und kehrte 1635 nach Kleve zurück, wo seine Frau am dortigen Fischmarkt ein ansehnliches Stadthaus bewohnte. Minuit segelte kurze Zeit später für eine schwedische Handelskompanie in Konkurrenz zu seinen alten Auftraggebern erneut nach Amerika, gründete die Kolonie Neu-Sweden und errichtete dort das Fort Christina. Während eines Sturms im Sommer 1638 fand Minuit, vermutlich Anfang 40, den Tod.

Wahrscheinlich soll die Figur des von Hermann Kunkler 1963 geschaffenen Denkmals den Abenteurer darstellen, zumindest die Idee, die Kunkler von Minuit hatte. Eine stilisierte, merkwürdigerweise völlig geschichts- und bezuglose Figur, die wie am Bug eines Schiffs steht und ein Tau an ein imaginäres Ufer wirft. Vielleicht wirft Minuit aber auch ein dickes Lasso, schließlich luchste er Manhattan den Indianern ab, und wo die sind, sind Cowboys nicht weit.

Adresse Kreuzung Moltke-, Augusta- und Bismarckstraße, Wesel | ÖPNV DB, Haltestelle Wesel Bahnhof, SB 3, SB 6, SB 21, Haltestelle Bahnhof | Anfahrt A 3, Ausfahrt Wesel, B 58 bis Franz-Etzel-Straße, rechts auf Augustastraße oder A 57, Ausfahrt Alpen in Richtung Wesel, B 58 bis Franz-Etzel-Straße, links auf Augustastraße | Öffnungszeiten ganzjährig | Tipp Der 1886 gebaute, 40 Meter hohe Wasserturm an der Brandstraße hat Wesel bis 1979 mit Wasser versorgt. Heute ist er Industriedenkmal, und sein historischer Turmkopf wurde nach der weitgehenden Zerstörung Wesels im Februar 1945 durch einen schlichten Aufbau ersetzt.

94__ Der Postdeich

Der niemals brach

Es ist nicht viel passiert, aber das wenige war immer bedeutend. Ganz in der Nähe des Fährhauses wurde der »Lüttinger Knabe«, der eigentlich ein Bislicher war, von Fischern aus der Erde gezogen, bevor er ins Skulpturenmuseum nach Berlin kam. Er erwies sich als dauerhafter, kunsthistorischer Klassiker, dessen Herkunft noch heute die Wissenschaft beschäftigt, die aber zwischenzeitlich in dem ehemals römischen nun einen griechischen Lustknaben erkannt hat.

Diesen größten Fang ihres Lebens – bezeichnenderweise auf dem Trockenen – hatten die Fischer im Frühjahr 1858 gemacht. Der Finderlohn, den der generöse preußische Staat zahlte, ermöglichte den Bau von gleich drei Häusern. Das war für alle ein warmer Sommerregen! Denn das verheerende Jahrhunderthochwasser drei Jahre zuvor war auch bei Bislich durch den Deich gebrochen und hatte einen großen Teil des Dorfes zerstört. Fast alle Deiche bis ins holländische Gelderland waren gebrochen, nur der Bislicher Postdeich hatte standgehalten. Er gilt heute als der älteste Deich am Niederrhein, der nie den Sturmfluten des Frühlings und den Winterhochwassern nachgab.

Man geht also über absolut sicheres Terrain. Ein schönes und angenehmes, fast historisch bedeutsames Gefühl. Allerdings ist der heutige Rhein verglichen mit seiner bewegten Vergangenheit eher friedlich, zumindest berechenbar und nicht mehr so impulsiv wie früher, als er tun und lassen konnte, was er wollte. Heute ist es eher unwahrscheinlich, dass der Postdeich noch einmal gefordert werden könnte, zumal nicht er, sondern andere Deiche dem Druck standhalten müssen.

Den so offiziell klingenden Namen Postdeich hat er von den ehemaligen Postreitern, die über ihn in die umliegenden Dörfer ritten. An seinem Anfang, an der Personenfähre nach Xanten, steht das alte Fährhaus, das im September 2010 wiedereröffnet wurde und an sonnigen Tagen einer der schönsten und südlichsten Orte am Niederrhein ist.

Adresse Marwick, Wesel-Bislich | **ÖPNV** Bus 86, Haltestelle Bislich Ortsmitte | **Anfahrt** A 3, Ausfahrt Wesel, B 58 bis kurz vor Wesel, rechts auf Hagerstownstraße (L 7), und Emmericher Straße (B 8), bei Diersfordt links in Mühlenfeldstraße bis Bislich, links in Dorfstraße und weiter Auf der Laak Richtung Damm und Marwick | **Öffnungszeiten** ganzjährig | **Tipp** Auf dem »Am Damm« genannten Bislicher Rheindeich, nördlich des Postdeichs, markiert eine aus dem 19. Jahrhundert stammende Pietà genau die Stelle, an der im März 1945 die ersten britischen Soldaten landeten. Die Pietà soll als Mahnmal für die Gefallenen der Kämpfe und für die Opfer des Nationalsozialismus verstanden werden.

95 __ Das Preußenmuseum

Als wir Brandenburger waren

»Ich wünschte, es wäre Nacht oder die Preußen kämen.« Nur selten sind die Preußen so sehnsüchtig erwartet worden wie vom Herzog von Wellington während der Schlacht von Waterloo. Sie waren seine Rettung gegen die Truppen Napoleons im alles entscheidenden Moment. Abgesehen von diesem Sehnsuchtsseufzer des Herzogs leben die Preußen rückblickend eher mit einem nachhaltig ramponierten Image.

Schon der »Soldatenkönig«, der Vater Friedrichs des Großen, war durch seine Liebe zu Waffen und militärischen Ritualen unangenehm aufgefallen. Seinen Sohn, den er selbst wegen Fahnenflucht am liebsten hingerichtet hätte, zwang er, zumindest der Hinrichtung seines besten Freundes beizuwohnen, mit dem der Thronfolger nach Frankreich hatte fliehen wollen. Wilhelm II., der letzte deutsche Kaiser und König von Preußen, ein hochgradig neurotischer Militarist, hatte Deutschland in einen folgenschweren Krieg geführt. Als durchtriebener Feigling war er vor der Verantwortung und vor seinem Volk direkt vom deutschen Hauptquartier im belgischen Spa in die Niederlande ins Exil geflüchtet. Und Hermann Göring, Hitlers morphiumsüchtiger Duz-Freund und Stellvertreter, war von 1933 bis 1945 »preußischer« Ministerpräsident. Nach der Kapitulation des Deutschen Reichs 1945 waren auch die Preußen erledigt. Sie wurden von den Siegermächten per Statut abgeschafft.

Trotz allem zu Unrecht. Denn die Preußen waren mehr als ihre eigenen Karikaturen. Nicht nur dass der aufgeklärte König Friedrich II. (»der Große«) der Lieblingsmonarch aufgeklärter europäischer Philosophen war. Auch die beiden Humboldts, Schinkel, Kant, Hegel, Schopenhauer, Fontane, Caspar David Friedrich, Telemann und Mendelssohn Bartholdy waren Preußen. Neben vielen anderen herausragenden Persönlichkeiten, die Deutschland in sein vermutlich schönstes Licht stellten. Das Preußenmuseum erinnert in einigen kritischen und in manchen eher gemütvollen Ausstellungsräumen an die Zeit der Preußen am Niederrhein.

Adresse An der Zitadelle 6, Wesel | **ÖPNV** SB 6, SB 21, Bus 37, 66, 68, Haltestelle Preu-
ßenmuseum | **Anfahrt** A 57, Ausfahrt Alpen Richtung Wesel, B 58 bis Kreuzung Schill-
straße/Oberndorfstraße oder A 3, Ausfahrt Wesel, B 58 folgen bis zur Kreuzung Schillstraße/
Oberndorfstraße, Parkplätze am Museum | **Öffnungszeiten** Mi–So 11–17 Uhr | **Tipp** Im
erhaltenen Haupttor der einstigen Zitadelle befindet sich heute das Schillmuseum, das an
die Offiziere des Schill'schen Regiments erinnert.

96 __ Die Sammlung Holland
Die Vögel

Heimatmuseen sind charmante Einrichtungen. Ihre museale Ambition, die volkskundlichen Rahmenbedingungen des jeweiligen Standorts zu zeigen, paart sich mit schöner Nostalgie und intensiver Heimatliebe. Sie verfügen gewöhnlich über keinen Etat, und nur die ehrenamtlichen Eigenleistungen, ohne die vermutlich kein Ziegel auf dem anderen stände, ermöglichen es überhaupt, dass Dörfer wie Bislich über ein eigenes Museum verfügen.

In einem oft furiosen Mix von Ausstellungsstücken wird anschaulich und anekdotenreich erzählt, wie die Menschen der Gegend in früheren Zeiten lebten, arbeiteten und starben. Als moderner Besucher staunt man nicht schlecht, wie unkomfortabel und bescheiden die Bislicher, stellvertretend für alle Niederrheiner, damals über die Runden kommen mussten. Wie eine Mahnung, dass die gute alte Zeit vermutlich nicht besonders gut und vor allem nicht sehr bequem gewesen ist, steht ein Nachttopf unter einer thronartigen Holzkonstruktion, bei dem eine zurechtgeschnittene Tageszeitung abschließend für die nötige Hygiene sorgen musste.

Das Bislicher Museum unterscheidet sich von anderen, ähnlich romantisch veranlagten Museen aber nicht nur durch zwei angeschlossene Neubauten, das Rhein-Deich-Museum und das Ziegelmuseum. Es zeigt auch eine einzigartige und in sich geschlossene Spezialsammlung. In dieser Sammlung wird die niederrheinische Vogelwelt, ergänzt durch einige außerrheinische Schauvögel, in geschätzten 300 Exponaten vorgestellt. Der Landwirt Bernard Holland (1879–1954) begann schon als junger Mann, Vögel zu sammeln und zu präparieren. Unterstützt von einem professionellen Präparator der Vogelwarte Helgoland entstand ein wunderbar beseeltes, vogelkundliches Lehrstück, das den Grundstock der heutigen Bislicher Sammlung darstellt. Bernard Holland jun. (1918–1982) war von Vögeln ebenso begeistert wie sein Vater. Er baute die Sammlung aus und schenkte sie dem Museum, das sie seit 1991 betreut.

Adresse Dorfstraße 24, Wesel-Bislich | **ÖPNV** Bus 86, Haltestelle Bislich Ortsmitte |
Anfahrt A 3, Ausfahrt Wesel, B 58 bis kurz vor Wesel, rechts auf Hagerstownstraße (L 7)
und Emmericher Straße (B 8), bei Diersfordt links in Mühlenfeldstraße (L 480) Rich-
tung Bislich, dort links in Dorfstraße | **Öffnungszeiten** April bis Okt. Mi 14–16 und
So 10–16 Uhr, Nov. bis März So 14–16 Uhr, für Gruppen nach Absprache täglich | **Tipp**
Die ehemalige Wehrkirche St. Johannes in Bislich, eine romanische Basilika der 2. Hälfte
des 12. Jahrhunderts, liegt nahe am Deich und hat eine bewegte Vergangenheit. 1688 vom
Rheinwasser geflutet, mehrfach restauriert, im März 1945 fast vollständig zerstört, besitzt
sie immer noch original romanische Anteile im Turm und im nördlichen Seitenschiff.

97___Das Schilldenkmal
Tod am Nachmittag

Elf Offiziere warfen am frühen Nachmittag des 16. September 1809 ihre Mützen in die Luft und gaben damit selbst das Kommando zu ihrer Erschießung. Nur einer, der erst 18-jährige Leutnant Albert von Wedell, war nicht sofort tot. Er soll sich, so wird berichtet, verwundet wieder erhoben und das französische Erschießungskommando nochmals aufgefordert haben, auf sein Herz zu zielen.

An der Stelle ihres Todes auf der Lippeschen Wiese bei Wesel wurde 1835 ein Denkmal errichtet, das die Schill'schen Offiziere bis heute ehrt. Gegenwärtig zeichnen sich die Ehrungen durch vornehme Zurückhaltung aus, aber nachdem die Franzosen besiegt waren, fand sich der patriotische Niederrhein zu großen Festen auf der Wiese ein. Immer wenn es gegen Frankreich ging, ließ man den draufgängerischen Offizier besonders hochleben. Schill hatte nicht nur den napoleonischen Truppen durch überraschende Aktionen zugesetzt. Selbst durch einen Säbelhieb in der Schlacht bei Auerstedt 1806 schwer verletzt, hatte er sich bis nach Kolberg in Ostpreußen durchgeschlagen, um sich dort bei seiner Einheit zu melden.

Ferdinand von Schill (1776–1809) hatte als Kommandant eines Husarenregiments eine Art Guerillakrieg nach spanischem Vorbild gegen die napoleonischen Besatzungstruppen geführt. Für seine erfolgreichen Überfälle wurde er von König Friedrich Wilhelm III. mit dem »Pour le Mérite« ausgezeichnet, dem höchsten militärischen Orden, den die Preußen zu vergeben hatten. Die Franzosen versprachen im Gegenzug die enorme Summe von 10.000 Francs für seinen Kopf, der ihrer Meinung nach auf den Schultern eines verbrecherischen Freischärlers ruhte. Tatsächlich wurde dieser Kopf am 1. Juni 1809 wie in einem antiken Drama an Jérôme Bonaparte geschickt, König des neu geschaffenen Königreichs Westphalen. Ferdinand von Schill war bei dem Versuch, die wenige Tage zuvor von ihm eroberte Stadt Stralsund durch einen waghalsigen Ritt zu verlassen, von einer Kugel tödlich getroffen worden.

Adresse Schillwiese, Wesel | **ÖPNV** Bus 82 und 83, Haltestelle Niederrheinhalle | **Anfahrt** A 3, Ausfahrt Wesel, B 58 bis Franz-Etzel-Platz, weiter auf Dinslakener Landstraße, links in Kurt-Kräcker-Straße (Bahnunterführung), am Kreisverkehr rechts auf An de Tent, rechts auf Schillwiese (Parkplatz) | **Öffnungszeiten** ganzjährig | **Tipp** Im Lippeschlösschen an der Lippebrücke südlich der Schillwiese erinnert äußerlich wenig an die Vergangenheit als Offizierskasino der Besatzung des Fort Blücher, einiges aber an die große Zeit als Tanzlokal in den 1960er und 1970er Jahren. Heute wird hier mit Bioprodukten des Niederrheins ökologisch zeitgemäß gekocht.

98__Das Schwarze Wasser

Ein schöner See

Nicht überall ist Niederrhein. Es gibt Orte, die so untypisch und gegen alle bekannten Klischees gesetzt und in diesem Fall gewachsen sind, dass man glauben könnte, in einer anderen, weit entfernten Gegend zu sein, in Aquitanien oder im Languedoc. Das liegt an den lichten Kiefern und den vor einigen tausend Jahren aufgewehten Flussdünen, die diesen einzigartigen Heideweiher umgeben. Im Bereich des Schwarzen Wassers wachsen alte Buchen und Eichen, beeindruckende Solitärbäume, deren Früchte aus Mastschweinen einst außergewöhnliche Delikatessen machten. In ihrer Nähe findet man seltene Hirschkäfer und noch seltenere Baumfalken.

Seinen Namen hat der See von der dunklen Färbung, die durch Huminsäuren entsteht, wenn Pflanzenreste in Mooren nicht vollständig abgebaut werden können. Bei Gewitter und Unwettern entwickelt der See seine völlige fotogene Stärke – dann reflektiert das Licht von einer unheimlichen Fläche, und man begreift das Drohende und Märchenhafte von Moorwäldern.

Im Zweiten Weltkrieg fand über diesem Wald die größte alliierte Luftlandeaktion der Geschichte statt. Am 24. März 1945 sprangen 12.000 britische und 11.000 amerikanische Fallschirmjäger über zehn markierten Landezonen ab. Auf Flughäfen in Frankreich und England waren Lastensegler, Schleppflugzeuge, Transportflugzeuge, aus denen die Fallschirmjäger absprangen, und Spitfire-Jäger als Begleitschutz gestartet, denen mehr als 200 Liberator-Bomber folgten: Drei Stunden hat es gedauert, bis die 300 Kilometer lange Luftarmada einen alliierten Kontrollpunkt überflogen hatte. Verteidigt wurde das Gebiet von der 84. deutschen Infanteriedivision, die sich im Wald eingegraben hatte. Die Nahkämpfe sollen zu den grausamsten am Niederrhein gezählt haben. Soldaten, die sich bereits ergeben hatten, wurden kurzerhand erschossen. Mit der geglückten, wenn auch verlustreichen Landeaktion war der Weg frei für die Alliierten ins Ruhrgebiet und somit nach Berlin.

Adresse Flürener Heide, nördlich von Wesel | **ÖPNV** Bus 63, 85, 86, Haltestelle Flürener Weg | **Anfahrt** A 3, Ausfahrt Wesel Richtung Wesel auf B 58, bei Kaiserring rechts, rechts auf B 8 Reeser Landstraße bis Emmericher Straße, weiter auf Bocholter Straße, links auf Kanonenberge, Wanderweg Zum Schwarzen Wasser | **Öffnungszeiten** ganzjährig | **Tipp** Südlich des Schwarzen Wassers, an der Reeser Landstraße 188, liegt das »Restaurant Art«, das seit Jahren konstant zu den 500 besten Restaurants Deutschlands gehört und eine kreative moderne Küche mit stilsicherer Ausgestaltung von Gasträumen und Terrasse verbindet.

99 Die Wallfahrtskirche in Ginderich

Der älteste Wallfahrtsort

Ein bisschen irritiert darf man sein: An diesem für die Marienverehrung am Niederrhein so bedeutenden Ort lagert unmittelbar neben der Kirche unter Planen und den landschaftstypischen Autoreifen das, was bald zur Verbesserung von Mitteleuropa auf die Felder geworfen wird. Unter Umständen muss man die Luft anhalten und sich das direkte Umfeld der Kirche schöngucken. Diese Verortung im Allzutierischen tut der Bedeutung Ginderichs allerdings keinen Abbruch. Er ist der älteste Marienwallfahrtsort am Niederrhein.

Von der Entstehungsgeschichte der Gindericher Marienverehrung ist heute nichts mehr bekannt. Der Kölner Erzbischof Philipp von Heinsberg hatte in einer ersten urkundlichen Erwähnung 1190 aber bereits von Wundern gesprochen, die den in Ginderich darum Bittenden erwiesen wurden. Leider ist das ursprüngliche Gnadenbild nicht mehr erhalten, denn die heutige Figur, eine kölnische Sitzmadonna, stammt erst aus dem frühen 14. Jahrhundert. Kunsthistorisch bemerkenswert sind neben dem Gnadenbild vier spätgotische Holzplastiken, die dem Klever Meister Dries Holthuis und seiner Werkstatt zugeschrieben werden.

Für 365 Jahre waren die Wallfahrten in Ginderich erst verboten, dann nicht zugelassen, weil die Kirche nicht mehr zum exklusiven Kreis niederrheinischer Wallfahrtsorte zählte. Der protestantische Große Kurfürst, Friedrich Wilhelm I. von Brandenburg und Herzog von Preußen, hatte sie Mitte des 17. Jahrhunderts mit anderen Wallfahrten in seinem Herrschaftsbereich am Niederrhein untersagt. Der Vorwand war der Verdacht des Aberglaubens, der von der protestantischen Obrigkeit gern gegen die katholische Volksfrömmigkeit erhoben wurde, aber es sollte auch gezeigt werden, dass die weltliche Macht, wenn es darauf ankommt, über jeder kirchlichen steht. Seit 2005 aber werden sie wieder durchgeführt.

Adresse Schulplatz, Wesel-Ginderich | **ÖPNV** SB 6, Bus 65, 66 und 67, Haltestelle Ginderich Post | **Anfahrt** A 57, Ausfahrt Alpen Richtung Wesel, hinter Büderich links auf Xantener Straße, in Ginderich rechts auf Büdericher Straße und Marienstraße zur Kirche | **Öffnungszeiten** zu den Wallfahrten Mi, Sa und So 10–18 Uhr und zu den Gottesdiensten Mi, Sa und So | **Tipp** Der rot-weiß gestreifte Sendemast des Senders Wesel am Perricher Weg in der Nähe Ginderichs ist mit 320,8 Metern das höchste Bauwerk Nordrhein-Westfalens.

100__Klein-Jerusalem

Die ersten und die letzten Tage

Vom Leben, darf man annehmen, hatte er eine Menge gesehen. Und vermutlich waren es die dunklen und abgründigen Seiten, die den Menschen eher als ein Geschöpf der Hölle als eines des Himmels erscheinen lassen. Gerhard Vynhoven (1596–1674) war Feldkaplan des berühmt-berüchtigten Reitergenerals Jan von Werth im Dreißigjährigen Krieg. Nachdem seine Kirche in Osterath zerstört worden war, hatte er sich dem legendären Heerführer angeschlossen und die Schlachten und Massaker am Niederrhein miterlebt, in denen die Kavallerie des Erzbischofs von Köln, Ferdinand von Bayern, unter von Werths Führung den Feinden gnadenlos nachsetzte und sie niedermetzelte.

Nach dem Ende des Krieges 1648 pilgerte Vynhoven nach Jerusalem und brachte von dort inspiriert die Idee mit, die heiligen Stätten von Bethlehem und Jerusalem in einem möglichst exakten Nachbau zu vereinigen. Anfang und Ende, Leben und Sterben, die ersten und die letzten Tage Jesu sollten ihren sinnbildlichen und mit Händen greifbaren Ausdruck in einer bemerkenswerten Kapelle finden. Die Illusion sollte perfekt sein, erschütternd und ergreifend, und Klein-Jerusalems Ruf, in diesem Willicher Gotteshaus den heiligen Stätten tatsächlich ganz nah sein zu können, hatte auf Vynhovens Zeitgenossen eine Wirkung, wie sie heutigen 3-D-Animationen vergleichbar ist.

In der Unterkirche sind die Geburtsgrotte mit dem Stern und die Krippennische mit dem Dreikönigsaltar nachgebildet. Vynhoven bestimmte diesen Geburtsort zu seiner letzten Ruhestätte und mahnt die Betenden auf seiner Grabtafel: »Ich bin, was du sein wirst, ein wenig Asche.« In die Oberkirche eingebaut ist das Heilige Grab von 1661, einer durch die Jahrhunderte veränderten und ergänzten Kreuzigungsgruppe gegenüber.

Die Reise nach (Klein-)Jerusalem erfreute sich besonders im 17. und 18. Jahrhundert besonderer Beliebtheit; an Christi Himmelfahrt ist die Kapelle auch heute noch das Ziel von Pilgern.

Adresse Kapelle, Willich-Neersen | **ÖPNV** Bus 056, Haltestelle Kapelle | **Anfahrt** A 44, Ausfahrt Neersen in Richtung Neersen auf B 7, rechts auf Hauptstraße, nach ca. 200 Metern rechts auf Vinhovenplatz und Kapelle | **Öffnungszeiten** jeden 2. So im Monat 14–16 Uhr | **Tipp** Der Schlosspark Neersen, um 1800 ursprünglich als Barockgarten angelegt, wurde vom klassizistischen Gartenarchitekten Maximilian Weyhe zu einem stimmungsvollen englischen Landschaftspark umgestaltet, was er auch heute noch ist.

101 Der Archäologische Park

Die wiederentdeckte Stadt

Irgendwann war Gras über die Sache gewachsen. Die um 100 n. Chr. von Kaiser Trajan gegründete und nach ihm benannte Soldatenstadt Colonia Ulpia Traiana wurde in der Mitte des 4. Jahrhunderts von den Römern endgültig aufgegeben. Sie war neben der Colonia Claudia Ara Agrippinensium, dem heutigen Köln, und der Colonia Augusta Treverorum, dem heutigen Trier, die drittgrößte Kolonie auf deutschem Boden und vermutlich vor ihrer Räumung zerstört worden.

Schlussendlich wurden die Häuser und Bauwerke abgetragen und deren Steine andernorts verbaut. Aus archäologischer Sicht ist es ein Glücksfall, dass die alte nicht von einer neuen Stadt überlagert wurde, wie das in Köln und Trier der Fall war.

Hobbyarchäologen hatten schon im 19. Jahrhundert vergnügt in der Erde gescharrt und sich an einer von Neugierde getriebenen Bestands- und Souvenirsicherung versucht. Aber erst mit der kommunalen Neugliederung in den 1970er Jahren konnte man sich nachhaltig und wissenschaftlich der alten Anlage zuwenden und mit den beginnenden Ausgrabungen auch gleich den »Archäologischen Park Xanten« mitdenken. In der plötzlich heftig einsetzenden Römer-Euphorie sahen manche schon ein »Pompeji des Nordens« aus den Xantener Wiesen wachsen. Die Colonia Traiana ist zwar das bedeutendste Bodendenkmal seiner Art und unterirdisch so aufschlussreich wie ein dickes, sich immer weiter fortschreibendes Buch – aber überirdisch sind alle heute sichtbaren Bauwerke Rekonstruktionen.

Von Anfang an hat man den Park mit Leben gefüllt. Immer wieder begegnet man deshalb Menschen in Rüstungen oder dekorativen Umhängen, die zeigen, wie es die alten Römer machten: Es wird römisch gebacken, gekämpft und gewohnt. Das Ganze hat einen informativen Eventcharakter, und wer außer den kleinen, anschaulichen Inszenierungen die wissenswerte Essenz römischer Kultur besichtigen möchte, kann dies in einem nagelneuen und kindereltern-kompatiblen Museum im Park tun.

Adresse Wardter Straße, Xanten | **ÖPNV** Bus SL 42, Haltestelle Archäologischer Park |
Anfahrt A 57, Ausfahrt Sonsbeck Richtung Xanten, auf L 491 und L 480, links auf B 57,
nach ca. 1 Kilometer links in Am Rheintor, rechts auf Parkplatz des APX | **Öffnungszeiten**
März bis Okt. täglich 9–18 Uhr, Nov. 9–17 Uhr, Dez. bis Feb. täglich 10–16 Uhr | **Tipp**
In der Nähe des Archäologischen Parks beginnt die Xantener Südsee, eine große Freizeit-
anlage mit Strandbad, Wasserskigelände und Surfschule.

102__ Die Bislicher Insel

Wenn die Wildgänse kommen

Das Naturschutzgebiet der Bislicher Insel kann man östlich, ungefähr entlang dem Rhein, von der alten Fährstelle bis nach Ginderich mit dem Auto durchfahren. Mit etwas Glück wird man vor und auf den Wiesen einige Dutzend Ornithologen entdecken, die in der kalten Jahreszeit hier überwintern. Ihre Zahl steigt proportional zu den Blässgänsen aus Sibirien. In Tarnanzügen und manchmal auch in Tarnkappenjeeps unterwegs sind sie auf der Suche nach seltenen Gänsen und fast ausgestorbenen Vögeln. Ihre oft gewaltigen Objektive richten sie auf Tiere in weiter Ferne, die im feuchten Gras oder im Wasser stehen und für den durchaus interessierten Laien alle gleich aussehen. Da man aber nur sieht, was man weiß, bricht gelegentlich unverstellte Begeisterung aus, wenn ein alter Bekannter mit weit ausgebreiteten Schwingen zum Landeanflug ansetzt oder eine seltene Gefiedervariante für Überraschung sorgt.

Diese krasse und auch entwaffnende Begeisterung (ein besonders schönes Beispiel für eine ornithologische Weltschau gibt es in Alfred Hitchcocks Thriller »Die Vögel« in Gestalt der Ornithologin Mrs. Bundy) hat aus der ehemaligen Halbinsel ein einzigartiges von Vogelfreunden gefördertes Naturschutzgebiet werden lassen. Die Bislicher Insel verdankt übrigens ihren Namen dem Umstand, dass der Rhein früher einen anderen Weg nahm und die Insel, die längst keine mehr ist, zum Dorf Bislich gehörte. Die Bislicher haben also nicht nur den weltberühmten Knaben an die Lüttinger auf der anderen Rheinseite verloren, sondern auch das in vielerlei Hinsicht schönste Schutzgebiet am nördlichen Niederrhein an die Xantener.

Damit der bunte Homo picnicus seine Spuren nicht überall in den Feuchtgebieten hinterlässt, was er artbedingt gern tut, hat man ihm einige stabile Picknickhütten gebaut, aus denen heraus man ganz wunderbar die sensiblen und menschenscheuen Wasservögel beobachten kann, ohne die Tiere zu erschrecken. Denn das ist hier strengstens verboten!

Adresse Zwischen Ginderich und Xanten | **ÖPNV** SL 40, Haltestelle Bislicher Insel |
Anfahrt A 57, Ausfahrt Sonsbeck Richtung Xanten, auf L 491 und L 480 auf Gelderner
Straße Richtung Bislicher Insel, rechts auf Eylander Weg bis Naturforum, Fußweg ins
Naturschutzgebiet | **Öffnungszeiten** ganzjährig | **Tipp** Im Naturforum Bislicher Insel in-
formiert eine Dauerausstellung über die einzigartige Auenlandschaft, im benachbarten
Auencafé auf dem Eyländerhof stärkt man sich bei Kaffee und Kuchen.

103__ Der Dom
Heilige und Ritter

Es ist natürlich zu schön, um wahr zu sein: Siegfried, der Drachentöter, der tragische Held der Nibelungen, unbesiegbar und nur hinterrücks zu morden, der deutscheste aller deutschen Helden, der erste Wagnerianer und Schöpfer eines verhängnisvollen Treuebegriffs, wurde vor dem Altar im Dom zu Xanten, nicht im gegenwärtigen, aber doch in einem Vorgängerbau, zum Ritter geschlagen. Siegfrieds Eltern, Siegmund und Sieglinde, waren König und Königin von Xanten, was die Stadt zumindest zu einem mythischen Königreich macht.

Glanz und Elend des deutschen Nationalepos »Das Nibelungenlied« begannen also hier. Allein deshalb ist St. Viktor ein nicht nur schöner und heiliger, sondern auch fabulöser Ort. Und als 1934 nur wenige Zentimeter hinter einem mittelalterlichen Stollen, der vermutlich in die Erde getrieben worden war, um sie zu finden, tatsächlich das Doppelgrab zweier erschlagener Männer entdeckt wurde, reichte das Sagenumwobene und Phantastische längst vergangener Zeiten bis in die Gegenwart. Man sah in ihnen die Märtyrer, den heiligen Viktor, Führer der Thebäischen Legion, und einen unbekannten Begleiter, zwei Heilige, von denen Xanten, »ad sanctos«, den Namen hat.

Erschlagen wurden sie vermutlich im 4. Jahrhundert, und schon früh wurde ihr Grab mit einer Cella memoriae überbaut, die erweitert und vergrößert die Urzelle des spätgotischen Doms wurde. Erst in der Mitte des 16. Jahrhunderts waren die Bauarbeiten abgeschlossen, und der Dom, der eine überaus prächtige Stiftskirche war, hatte im Wesentlichen die Erscheinung, wie wir sie heute kennen. Seine Ausstattung konnte trotz einiger Verluste durch die Zeiten gerettet werden. Unter den vielen hervorragenden Kunstwerken sind der aus Antwerpen stammende Märtyreraltar und der von Heinrich Douvermann in Kalkar geschnitzte Marienaltar von besonderer Bedeutung, schön und poetisch, und für die, die sie heute ansehen, beeindruckend in ihrer uneingeschränkten religiösen Hingabe.

Adresse Kapitel, Xanten | **ÖPNV** Bus SL 42, Haltestelle Dom | **Anfahrt** A 57, Ausfahrt
Sonsbeck Richtung Xanten, auf L 491 und L 480, in Xanten links auf Poststraße, am
Europaplatz auf Siegfriedstraße, dann rechts auf Rheinstraße | **Öffnungszeiten** außerhalb
der Gottesdienste Mo–Sa 10–18, So 12.30–18 Uhr | **Tipp** Das Museum »Nibelungen(h)ort«
auf der Kurfürstenstraße ist ganz der Welt größten deutschen Sagengestalten gewidmet: In
Installationen, Filmen und digitalen Medienstationen können die Nibelungen von der Zeit
der Völkerwanderung bis in die Gegenwart verfolgt werden.

104___Das »Hotel van Bebber«

Haus der Geschichte

In seinen ersten 100 Jahren hieß das Hotel-Restaurant »Van Bebber« »Niederrheinischer Hof«. Das wärc auch heute wieder ein passender Name, wenn man das Ideal eines gehobenen bürgerlichen Hotel-Restaurants mit intensiver Bodenhaftung benennen und lokal verorten wollte. Wer als Reisender durch die allgegenwärtige Pizzerien- und Bistrolandschaft stolpert, wird glauben, eine Art Urtypus dessen entdeckt zu haben, was man bilderbuchmäßig und durchaus nostalgisch mit bürgerlicher Gastlichkeit und Esskultur assoziiert.

In der flachen Mikrowellenlandschaft improvisierter Schummelbuden erscheint das »Van Bebber« mit seiner nun 225-jährigen Geschichte wie der überreiche und in seinen Details pompös ausgestattete Onkel sonst eher ärmlicher und sehr magerer Verwandter. Die Küche hat jenen feierlich gestimmten Grundton, den man besonders sonntags oder abends schätzt, wenn es etwas offizieller sein darf. Man sitzt sehr schön wie in einem herausgeputzten Esszimmer, ein bisschen biedermeierlich zwischen Antiquitäten und alten Geschichten: Die Wände sind reich dekoriert mit Jagdtrophäen, Veduten, Schmucktellern, Genrebildern und Stillleben. Überall gibt es Bezüge zur eigenen, zur niederrheinischen und zur Xantener Geschichte. Aber nicht nur der Glanz dieser alten Stadt, sondern auch ihr erbärmliches Trümmerdasein am Ende des letzten Kriegs wird in Fotografien dokumentiert. Man lebt hier ganz in dem Bewusstsein, die Zeiten, was immer sie bringen, auf jeden Fall zu überdauern.

Leider hat sich niemand die Mühe gemacht, die Besuche und Aufenthalte der prominenten Gäste exakt zu dokumentieren, die hier vermutlich einkehrten. Der Besuch der späteren britischen Königin Victoria – als 15-Jährige reiste sie als Herzogin von Lancaster – soll für 1834 verbürgt sein; der des britischen Premiers Winston Churchill im März 1945 wird zumindest angenommen. Denn wo sonst, wenn nicht hier, sollte er in Xanten gegessen haben?

Adresse Klever Straße 12, Xanten | **ÖPNV** Bus SL 42, Haltestelle Dom | **Anfahrt** A 57, Ausfahrt Sonsbeck Richtung Xanten, auf L 491 und L 480, in Xanten links abbiegen auf Poststraße, am Europaplatz auf Siegfriedstraße, rechts auf Rheinstraße und rechts auf Klever Straße | **Öffnungszeiten** täglich 12–22 Uhr | **Tipp** Das Klever Tor von 1393 ist das einzig erhaltene Stadttor und gehört zu den ältesten des Rheinlands. Im inneren, der Stadt zugewandten Tor der Doppeltoranlage sind heute Ferienwohnungen untergebracht.

105 Der Jüdische Friedhof
Passage zum Himmel

Nur wer vergessen ist, ist wirklich tot. Damit dieser in jeder Hinsicht bedauerliche Zustand nicht eintritt, dürfen jüdische Gräber nicht aufgegeben oder entfernt werden. Es ist in einem orthodox-jüdischen Sinn sogar unmöglich. Sie sind gewissermaßen für die Ewigkeit da, und ein jüdischer Friedhof wird dementsprechend als »Haus des Lebens« oder als »Haus der Ewigkeit« bezeichnet. Selbst wenn er planiert und überbaut wird, bleibt er doch immer ein Friedhof, heiliger, von Seelen bewohnter Ort.

Die kleinen Steine, die Besucher mitbringen und auf die Grabsteine legen, sind ein Ausdruck dafür, dass ein Grabstein nicht verschwinden darf und durch diese Geste des Erinnerns in einem bildhaften Sinn wächst. Symbolhaft wird ergänzt, was die Zeit ganz zwangsläufig durch Wind und Wetter nimmt. Jüdische Friedhöfe können, selbst wenn sie sehr alt sind und unter Denkmalschutz stehen wie der Xantener, nicht historisch sein wie alte christliche – und deshalb wäre es ein Sakrileg oder zumindest eine Missachtung der Toten, den Friedhof auch heute, obwohl hier längst keine Beerdigungen mehr stattfinden, ohne Kopfbedeckung zu betreten.

Möglicherweise ist der Xantener der älteste jüdische Friedhof am Niederrhein. Die Quellen jüdischen Lebens (und Sterbens) reichen bis ins 11. Jahrhundert zurück, als aus Köln geflüchtete Juden sich in Xanten niederlassen wollten. Obwohl sie unter dem Schutz des Kölner Erzbischofs standen, konnten sie sich dem aufgebrachten Mob, der nach fast 1.000 Jahren Rache für ihren gekreuzigten Heiland nehmen wollte, nur durch Selbsttötung entziehen. Denkbar wäre, dass diese ersten Pogromopfer schon hier begraben wurden.

Eine Xantener jüdische Gemeinde gibt es nicht mehr. Die Gründe sind nicht fassbar, aber bekannt. Wie eine letzte Erinnerung stehen die Grabsteine unter Bäumen im Wind, kreisförmig und fast geheimnisvoll um einen einzigen Stein, der dunkel und bemoost in ihrer Mitte steht.

Adresse Heeser Weg (Am Heesberg), Xanten | **ÖPNV** Bus 36, 43, Haltestelle Holzweg | **Anfahrt** A 57, Ausfahrt Sonsbeck Richtung Xanten auf L 491 und L 480, bei Heeser Weg rechts bis zum Ende der Siedlung, ab hier zu Fuß zum Friedhof | **Öffnungszeiten** ganzjährig | **Tipp** Nahe beim Jüdischen Friedhof verläuft ein Wanderweg durch das Gebiet der Hees und Birtenschen Heide zum alten römischen Amphitheater der Legion Castra Vetera bei Birten.

106 Die Klause des heiligen Norbert

Vom Pferd gefallen

Man mag es kaum glauben, dass der heilige Norbert, ein Mann des maasrheinischen Hochadels, ausgerechnet in dieser Kammer in der Einfahrt zur Xantener Stiftsfreiheit gelebt haben soll. Aber Heilige neigen bekanntlich vor ihrer Heiligsprechung zu einer gewissen Exzentrizität – der letzte Heilige vom Niederrhein, Arnold Janssen aus Goch, soll beispielsweise nicht an, sondern in seinem Schreibtisch geschlafen haben.

Norbert wurde als Sohn des Grafen von Gennep um 1080 geboren und kam schon als Kind an das Xantener Sankt-Viktor-Stift. Die Kanoniker dieses Stifts lebten nach der sogenannten Aachener Regel, was ihnen den Ruf der Leichtlebigkeit einbrachte. In manchen Überlieferungen wird Norbert deshalb als Lebemann dargestellt, der mehr dem schönen Leben als Gott zugetan war. Erst als er durch Blitz und Donner geblendet vom Pferd gefallen war – ein Mythos, der von der Bekehrung des Saulus zum Paulus inspiriert war –, wurde aus dem jungen Hallodri ein ernster und das Mittelalter prägender Kirchenmann.

Gegen die lockere Aachener Regel, die allen Priestern Privateigentum und damit den Himmel bereits auf Erden erlaubte, setzte Papst Gregor die Lebensregeln des heiligen Augustinus. Diese gregorianische Reformbewegung inspirierte auch Norbert von Gennep. Obwohl er mittlerweile zum Hofkapellan Heinrichs V. aufgestiegen und somit in den ersten weltlichen Machtkreis vorgedrungen war, entschied er sich gegen die Karriere, die er hätte machen können, und gründete im abgelegenen Tal Prémontré bei Laon in Frankreich seinen eigenen Orden. Der klerikale Zungenbrecher Prämonstratenserorden wurde aufgrund seiner geläuterten Lebensauffassung schnell zur größten Priestergemeinschaft in Europa. Norbert selbst wurde zum Erzbischof von Magdeburg ernannt und begleitete im Sommer 1132 König Lothar nach Rom. An Malaria erkrankt, starb er am 6. Juni 1134.

Dionysiuskapelle
mit Norbertzelle,
vom hl. Norbert
✝ bewohnt 1115. ✝

Adresse Zelle im Michaelstor zwischen Markt und Dom, Xanten | **ÖPNV** Bus SL 42, Haltestelle Dom | **Anfahrt** A 57, Ausfahrt Sonsbeck Richtung Xanten, auf L 491 und L 480, in Xanten links auf Poststraße, am Europaplatz auf Siegfriedstraße, rechts auf Rheinstraße | **Öffnungszeiten** ganzjährig, nur von außen durch ein Fenster zu betrachten | **Tipp** Das ehemalige Handelshaus am Markt 6, 1540 aus Hausteinen und Ziegeln erbaut, blieb von Kriegszerstörungen weitgehend verschont und ist heute als »Gotisches Haus« Café und Restaurant.

107__Das »Landhaus Köpp«

Campingplatz mit Sterneküche

Camper rühren bekanntlich am liebsten im eigenen Topf. Die Propangasflamme gehört zur Grundausstattung, und ohne Not räumt niemand den angewärmten Liegestuhl. Und so wird es vermutlich unter ihnen nur sehr wenige geben, die im Landhaus Köpp essen, einem Gourmetrestaurant, das sich als einziges am nördlichen Niederrhein mit der höchsten kulinarischen Auszeichnung schmücken darf.

Seit 1996 zeichnet der weltweit tonangebende französische Restaurantführer Michelin (gewissermaßen die oberste Restaurantinstanz) das Landhaus mit einem Stern aus. Damit gehört Jürgen Köpp zu den gegenwärtig 237 besten und besternten deutschen Köchen. Dass er auch Besitzer und Betreiber des hinter dem Landhaus liegenden Campingplatzes ist, macht die Sache auch international einmalig: Vermutlich gibt es sonst nirgendwo ein Feinschmeckerrestaurant mit Campingplatz und nirgendwo einen Campingplatz mit Feinschmeckerrestaurant. Natürlich kann man hier trotz räumlicher und familiärer Nähe nicht einfach mit Trainingshose und Adiletten hereinspazieren. Das verbieten schon die aufwendig eingedeckten Tische und die besser gekleideten Kellner. Außerdem haben Köpps mehrgängige Menüs ihren hohen, wenn auch durchaus angemessenen Preis, der auch eine Kühlschrankfüllung im Wohnwagen finanzieren würde.

Bevor Jürgen Köpp die alteingesessene Wirtschaft seiner Eltern übernahm und seinen eigenen Hochküchen-Ambitionen folgte, war das »Köpp« eine Bauern- und Fischerkneipe, in der die Salmfischer, als es noch Salme gab, ihre Fänge mit Korn und Genever begossen. Hinter dem Haus, am Ufer gegenüber von Rees, gab es einst die besten Fanggründe am Niederrhein, und da der Fisch zu allen Zeiten teuer und begehrt war, brachte er den Rheinfischern einen relativen Wohlstand, von dem auch die Kneipe der Köpps profitierte.

Adresse Husenweg 147, Xanten-Obermörmter | **ÖPNV** SL 42, Haltestelle Husenweg | **Anfahrt** A 57, Ausfahrt Sonsbeck Richtung Xanten, auf L 491 und L 480, links auf B 57 Richtung Kalkar, hinter Marienbaum rechts auf Reeser Straße, halb rechts auf Papenweg und den Ausschilderungen folgen | **Öffnungszeiten** Di–Fr mittags und abends, Sa nur abends, So nur mittags | **Tipp** Bei Obermörmter beginnt die Reeser Schanz, ein Naturschutzgebiet im Überschwemmungsbereich des Rheins.

108__Der Lüttinger Knabe
Von der Kneipe ins Museum

Nur ein bronzener Armstumpf ragte bei Niedrigwasser aus dem Boden. Der Körper lag mit dem Kopf stromabwärts unter Sand und Schlamm, luftdicht verschlossen und gut konserviert. Sechs Lachsfischer aus Bislich und Lüttingen gruben am 16. Februar 1858 einen lebensgroßen Bronzeknaben aus, der möglicherweise hier in der Nähe der Bislicher Fähre schon seit fast 2.000 Jahren im Flusssand lag – nackt, glänzend und das Haar sinnlich mit Früchten bekränzt. Der Lustknabe wurde von den Fischern in die nahe Kneipe des Fährpächters gebracht und etwas derb und zotig mit Schnaps versorgt. Dass der Wirt, der eine dauerhafte Attraktion für seine Kneipe ahnte, nur drei Flaschen Genever im Tausch für die Bronzefigur geben wollte, machte aus dem Bislicher Knaben schnell einen Lüttinger. Denn die Fischer, vielleicht verärgert, weil man sie so billig über den Tisch ziehen wollte, packten den Bronzejungen kurz entschlossen unter den Arm und wechselten das Ufer.

In Lüttingen wurde er in einer ihrer Fischerhütten gegen Eintrittsgeld ausgestellt, und der erwachte, etwas schlüpfrige Geschäftssinn hatte die schnapsseligen Männer auf die Idee gebracht, den nackten Jüngling mit einem Lendenschutz zu kaschieren. Wer ihn heben wollte, um zu sehen, was den Knaben zum Knaben macht, musste 20 statt 10 Pfennig Eintrittsgeld zahlen.

Die Obrigkeit hatte allen Grund, sich um die moralische Integrität der Lüttinger Sorgen zu machen. Die Sache wurde gemeldet, und der entsandte Regierungsrat betrachtete den Knaben ausführlich, erkannte seinen kunsthistorischen Wert und war vermutlich der Erste, der in seinem Bericht an die preußische Regierung vom »Lüttinger Knaben« sprach. Bereits nach acht Monaten wurde die Figur für 4.000 Taler erworben und nach Berlin gebracht. Als besterhaltene Großbronze der Antikensammlung im Neuen Museum ist sie heute ein museales Highlight neben der Büste der ägyptischen Königin Nofretete.

Adresse Pantaleonstraße, Xanten-Lüttingen | **ÖPNV** SL 40, Haltestelle Lüttingen Schule | **Anfahrt** A 57, Ausfahrt Sonsbeck Richtung Xanten, auf L 491 und L 480, links abbiegen auf B 57, hinter dem APX rechts nach Lüttingen, an Pantaleonstraße links bis Wende-hammer | **Öffnungszeiten** ganzjährig | **Tipp** Die Dorfkirche St. Pantaleon ruht auf fünf übereinanderliegenden Böden und wird in ihrem Ursprung auf das Jahr 1000 datiert, das gotische Mittelschiff auf 1473. Die Gründung geht auf Erzbischof Bruno von Köln zurück.

109__Die Nordsee

Mehr im Norden, mehr im Süden

Es ist der Segen alter Kiesgruben, dass mit ihrer Bewässerung die gesamte maritime Freizeitkultur am Niederrhein entstand: Man kann schwimmen, tauchen, segeln, surfen, auf Sandstränden nackt oder bekleidet herumliegen, in Strandcafés sitzen und Beachpartys feiern wie auf Mallorca oder auf Sylt.

Zwischen Vynen und Wardt fehlen allenfalls die Dünen. Auf 100 Hektar Wasserfläche, was einer Million Quadratmetern entspricht, darf man sich fühlen wie Georg Forster, der der erste deutsche Weltumsegler war. Oder wie der Nonstop-Segler Wilfried Erdmann. Oder wie Käpt'n Blaubär.

Die Xantener Nordsee ist zwar kleiner als der Weseler Auesee, aber groß genug für ein richtiges Fahrgastschiff, die »Seestern«, die Rundreisen anbietet und beide Häfen anläuft. Man braucht also kein eigenes Schiff und nicht einmal eine Luftmatratze, um die Nordsee auch in ihren kleinsten Wellen genießen zu können. Boote kann man selbstverständlich leihen und das Segeln auch für weite Törns lernen. Die immer erfrischenden Windverhältnisse setzen auf der Xantener Nordsee Kenntnisse und Geschick voraus, um die Jollen und Kajütboote auf Kiel und Kurs zu halten. Im Herbst, wenn die Stürme den Niederrhein für Segler und Surfer erst so richtig schön machen, finden Regatten statt, an denen mehrere 100 Boote aus ganz Deutschland teilnehmen.

Die Nordsee hat den eleganten und polyglotten Charme, den Segler von Haus aus mitbringen und schätzen. Es geht eben nordisch zu.

Anders an der Xantener Südsee zwischen Wardt und Lüttingen: Das große Strandbad ist bis in den Wickeltisch hinein familiengerecht und wird entsprechend frequentiert. Für Abwechslung und endlose Unterhaltung sorgt die immer umlagerte Wasserskianlage: Auf schnellen Brettern unterhalten virtuose Sportskanonen ein aufrecht begeistertes Publikum.

Adresse Zwischen den Ortsteilen Dynen und Wardt, Xanten | **ÖPNV** Bus SL 42, Halte-stelle Hafen Wardt | **Anfahrt** A 57, Ausfahrt Sonsbeck Richtung Xanten auf L 491 und L 480, an der B 57 Richtung Kalkar links, hinter dem APX rechts auf Barkscher Weg (K 32) und vor Wardt rechts auf Am Meerend abbiegen zum Bootshafen | **Öffnungszeiten** Ende März bis Ende Sept. täglich (nach Witterung), in der Vor- und Nachsaison Boots-verleih Fr 14–19, Sa, So und feiertags 12–19 Uhr | **Tipp** Das »Landhaus Wardt« am Boots-hafen Wardt besitzt zwei schöne Seeterrassen mit Blick auf die Nordsee und verleiht Fahr-räder für die Rundreise; regelmäßig Seglerstammtisch.

110_Das Stiftsmuseum

Poetische Dogmen

Es gibt gegen das im Mai 2010 eröffnete neue Stiftsmuseum einen quantitativen Einwand: Es ist viel zu klein. Man wünschte es sich mindestens doppelt so groß, denn am Ende der Ausstellung angekommen, entsteht eine leichte Enttäuschung darüber, dass es nicht weitergeht. Aber mit diesem bedauernden Einwand benennt man indirekt auch sofort seine qualitative Größe. Groß ist es in einem musealen und vermittelnden Sinn, der natürlich durch die fulminanten Bestände des Stifts gestützt und begründet wird. Groß ist es aber auch in seiner innenarchitektonisch klaren, auf das Wesentliche reduzierten, fast poetischen Präsentation. Es schafft, ähnlich wie das Kolumba-Museum in Köln – wenngleich dessen Intention eine andere als die eines auch seine eigene Geschichte vermittelnden Stiftsmuseums ist –, einen exzellenten optischen und bis in jede Nuance durchdachten ästhetischen Rahmen, der den Ausstellungsstücken schon auf Erden Gerechtigkeit widerfahren lässt.

In zehn Räumen werden ausnahmslos bedeutende und ästhetisch hervorragende Stücke gezeigt: angefangen vom römischen Jupiter-Altar, der in der Nähe von Xanten gefunden wurde, über zahlreiche Reliquiare und eindrucksvolle niederrheinische Holzskulpturen bis zur alles überragenden Kasel des heiligen Bernhard von Clairvaux (1090–1153), die wie ein goldenes Lichtsegel in einer wunderbar zurückhaltend ausgeleuchteten Vitrine zu schweben scheint. Die Kasel, das liturgische Messgewand, wurde von Bernhard während seiner Predigt für den zweiten Kreuzzug in Brauweiler getragen und kam von dort in das Xantener Stiftsmuseum.

Die Ausstellungsstücke zeigen die Schönheit und Poesie, die in früheren Jahrhunderten bemüht wurden, um die christliche Lehre und ihre Dogmen zu illustrieren und zu verbreiten. Ein entsprechender Katalog erläutert denen, die nach einem Museumsbesuch endlich alles wissen möchten, die Herkunft der Ausstellungsstücke und ihre religionsgeschichtlichen Zusammenhänge.

Adresse Kapitel 21, Xanten | **ÖPNV** Bus SL 42, Haltestelle Dom | **Anfahrt** A 57, Ausfahrt Sonsbeck Richtung Xanten, auf L 491 und L 480, in Xanten links auf Poststraße, am Europaplatz auf Siegfriedstraße, dann rechts auf Rheinstraße | **Öffnungszeiten** Di–Sa 10–17 Uhr | **Tipp** Am Nordwall befindet sich die Kriemhildmühle, die als Teil der Stadtbefestigung ursprünglich Wachturm war. 1804 wurde sie als Windmühle in Betrieb genommen, heute wird hier wieder täglich Korn gemahlen.

111__ Die Wallfahrtskirche in Marienbaum

Hirten sehen dich an

Nur wer mit dem Herzen sieht, sieht richtig. Das mag erklären, dass es meistens eher etwas einfacher gestrickte, zumindest keine kopflastigen Menschen waren, die nachts und auf Wanderschaft, mit sich und Gott allein, die Jungfrau Maria sahen. Bereits 1190 wird eine erste Wallfahrt zu einem wundertätigen Marienbild in Ginderich erwähnt, und von dieser Zeit an kam es immer wieder zu folgenschweren Marienerscheinungen am linken Niederrhein.

Es war um 1430, als einem gelähmten Schafhirten im Traum eine Eiche erschien, deren Stamm treppenförmig gebildet war. In den Ästen stand eine Marienfigur. Eine Stimme forderte den Hirten auf, diesen Baum zu suchen und die Statue anzubeten. Er tat es, fand und betete und wurde gesund. Was aber das Wunder noch bekräftigte, war der Umstand, dass die angebetete Figur sich gewissermaßen weigerte, in die nahe Pfarrkirche von Vynen gebracht zu werden. Denn immer wieder kehrte die Statue in den Baum zurück, den der Hirte geträumt und gefunden hatte.

Der Pfarrer von Vynen wusste das Zeichen zu deuten: Die Statue wollte bleiben, wo sie war, und so wurde an Ort und Stelle, »an gen Treppenboom«, eine Kapelle gebaut. Die Eiche hatte man, warum auch immer, gefällt, und am 22. August 1441 wurde die Kapelle geweiht. Herzogin Maria von Burgund, Gemahlin Adolfs I. von Kleve, begünstigte die Kapelle durch Schenkungen; außerdem förderte der Ablasshandel eine schnelle Popularisierung. Als ihr Sohn, Johann I., zu einer Pilgerfahrt nach Rom und Jerusalem aufbrach (20 Jahre zuvor war er bereits in Santiago de Compostela gewesen), stiftete Maria von Burgund ein Doppelkloster für Mönche und Nonnen, das der heiligen Brigitta von Schweden geweiht wurde.

Aus »an gen Treppenboom« war, was auch heute noch schön und poetisch klingt, Marienbaum geworden.

Adresse Klosterstraße, Xanten-Marienbaum | **ÖPNV** SL 42, Bus 44, Haltestelle Marienbaum Kirche | **Anfahrt** A 57, Ausfahrt Sonsbeck Richtung Xanten auf Kevelaerstraße L 491 und L 480, links auf B 57 Richtung Kalkar, in Marienbaum rechts in die Klosterstraße | **Öffnungszeiten** täglich ab 9 Uhr | **Tipp** Seit 2003 steht bei der Wallfahrtskirche ein bronzenes Denkmal für Maria von Burgund, die 1457 das Brigittenkloster von Marienbaum stiftete, gestaltet von Bonifatius Stirnberg.

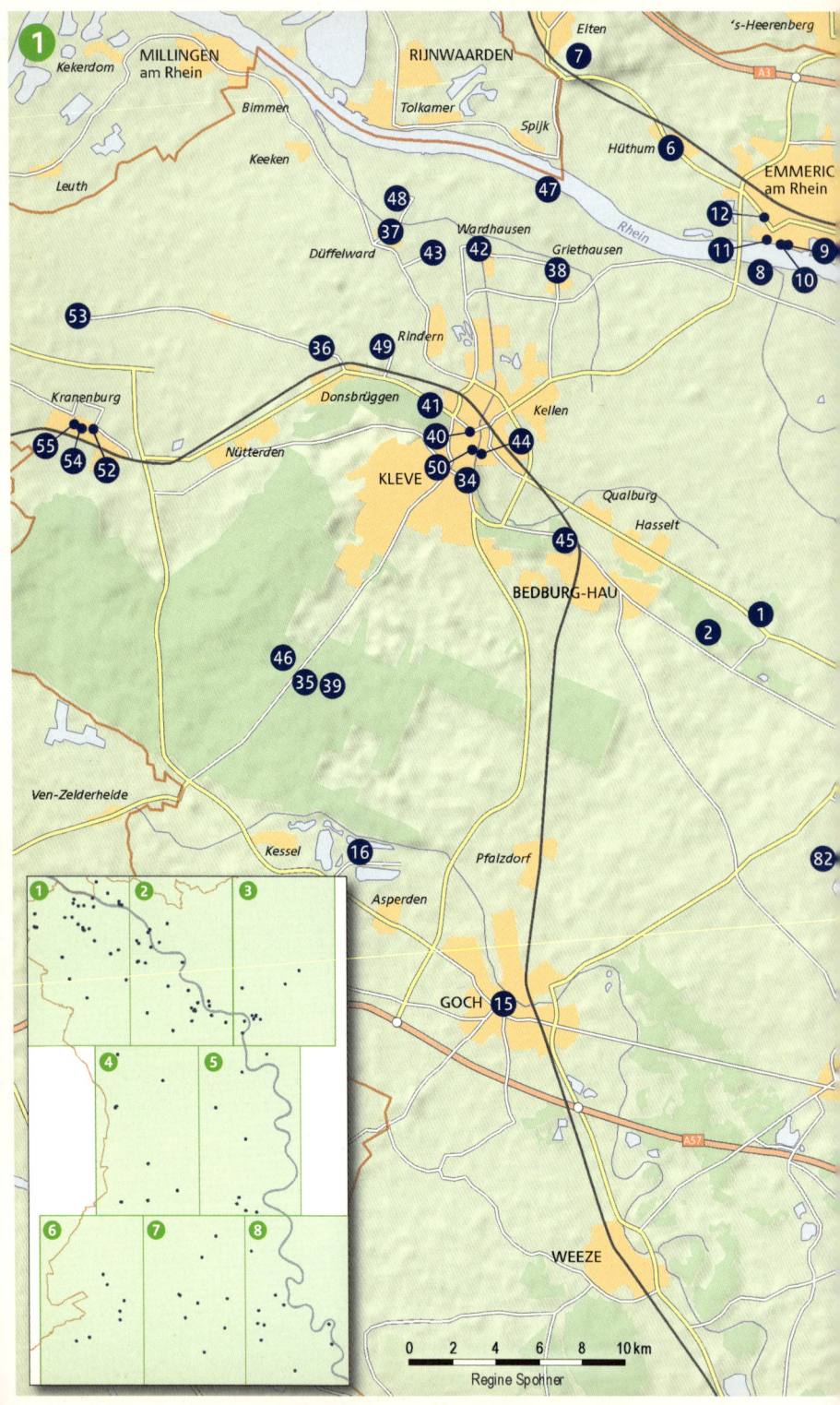

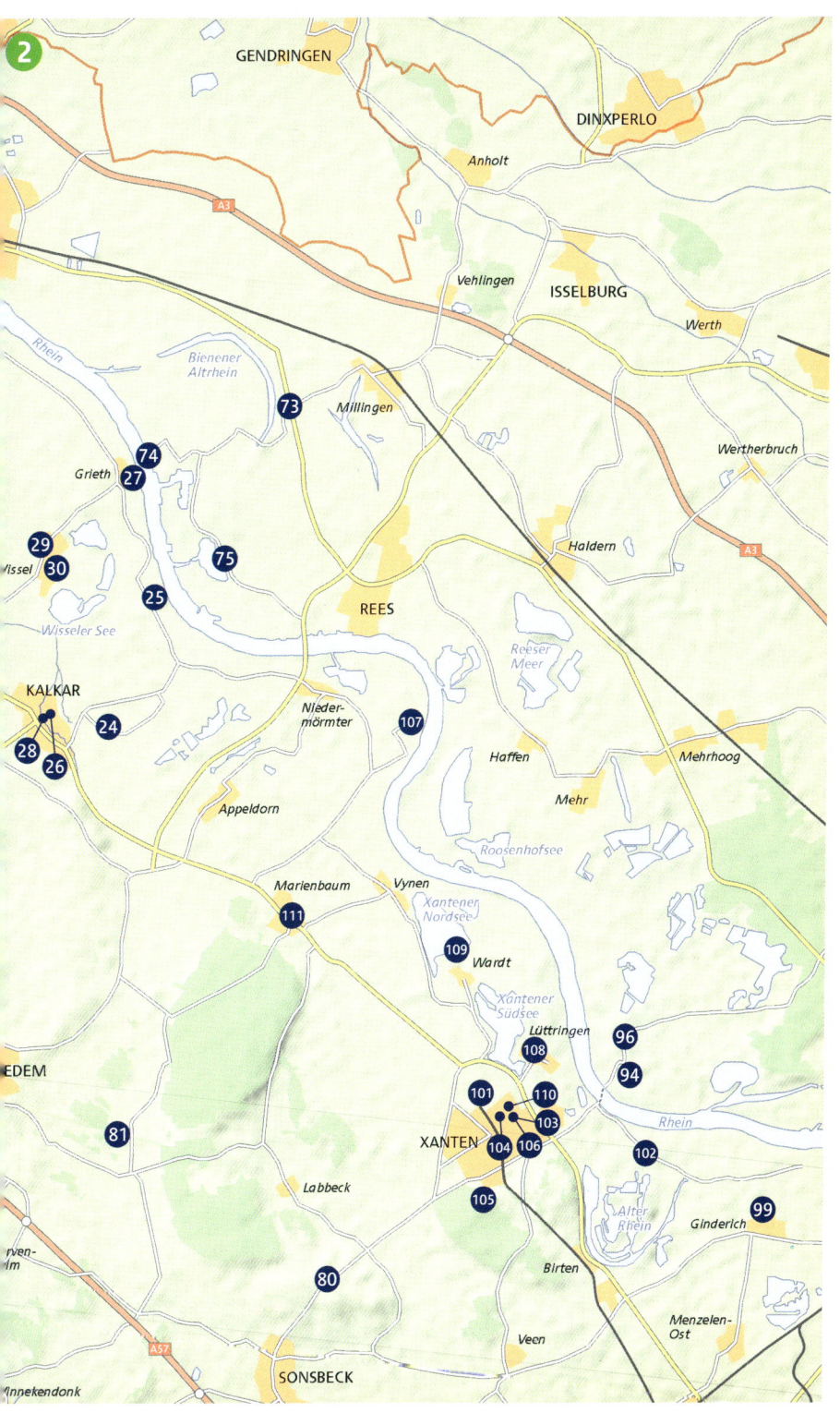

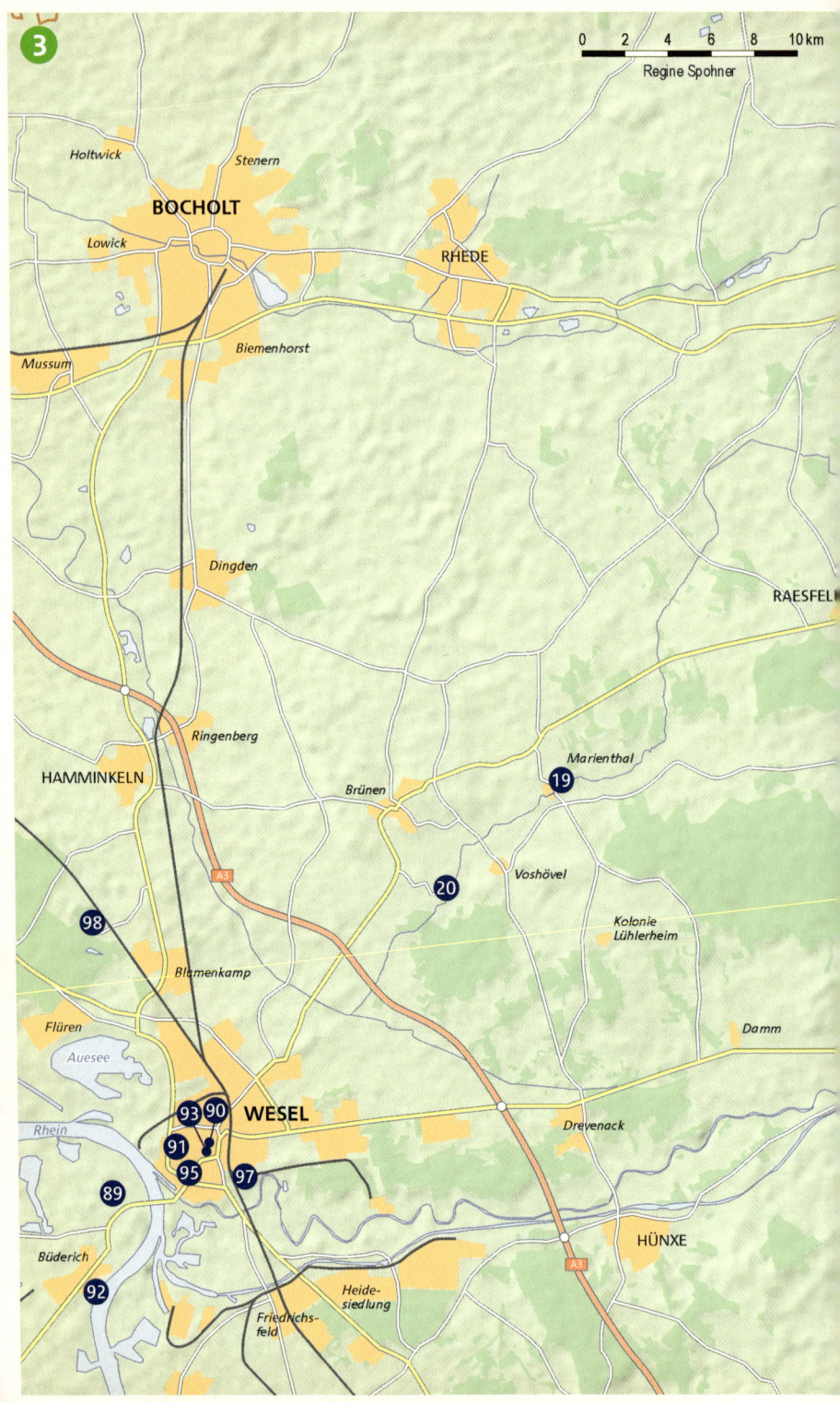

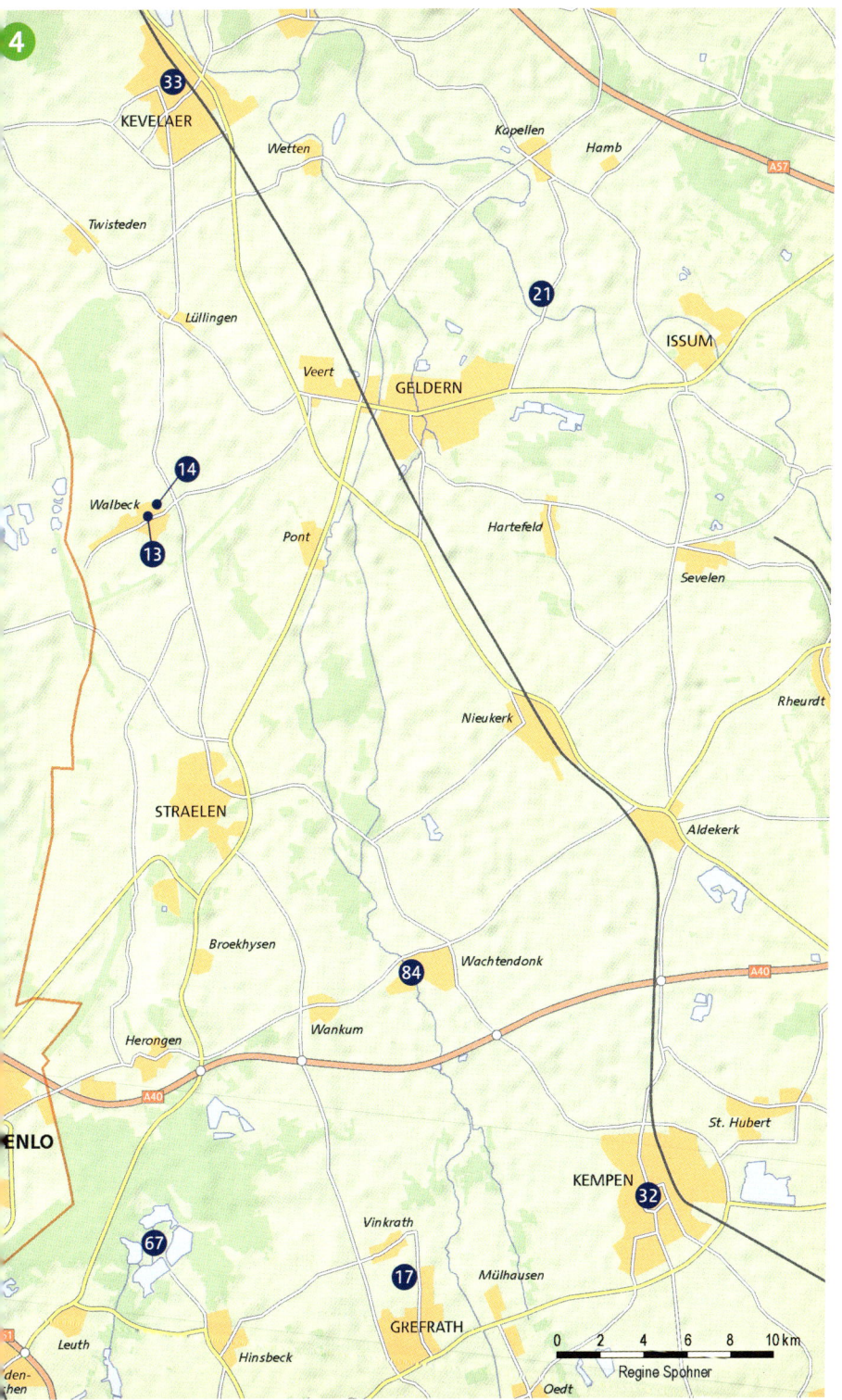

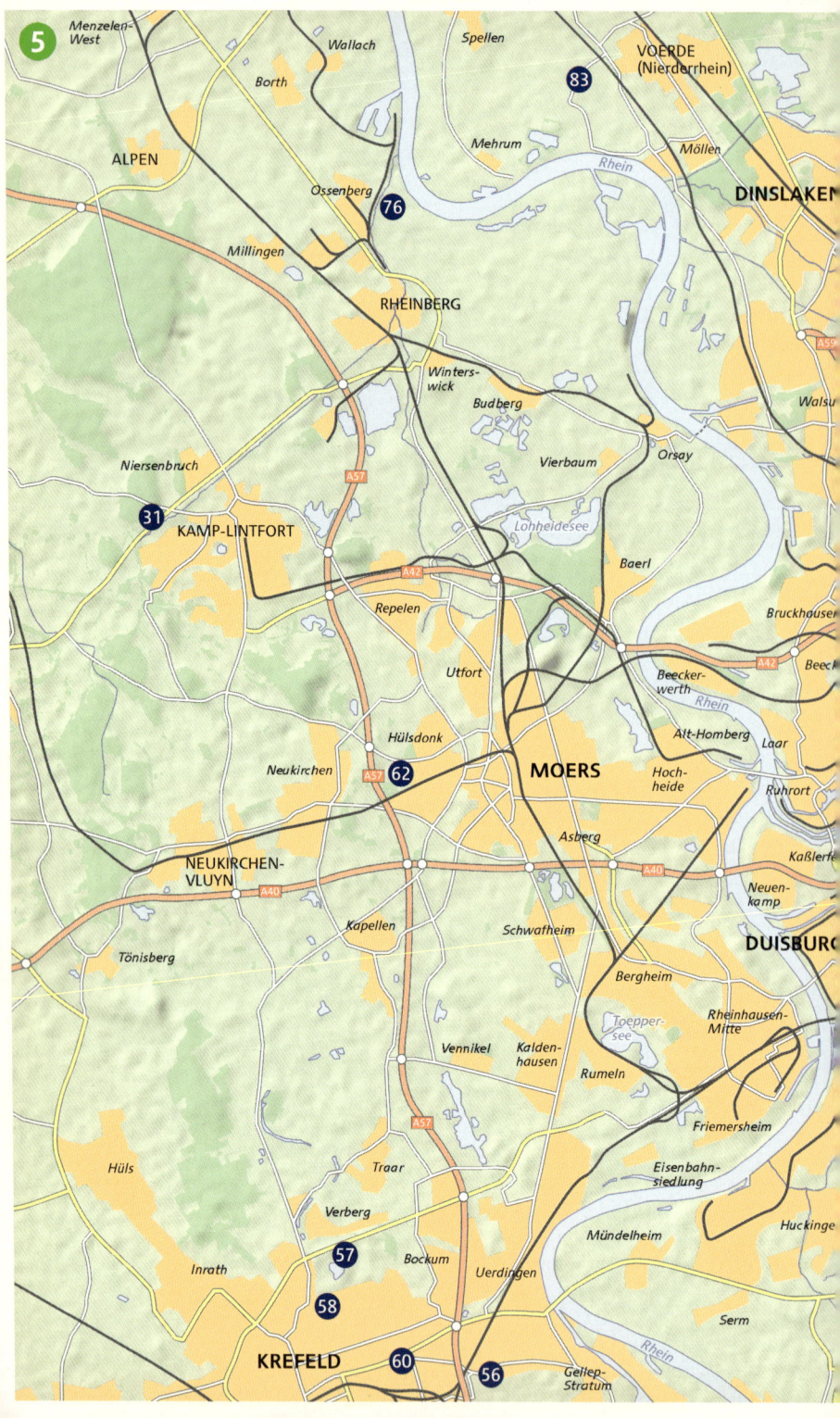

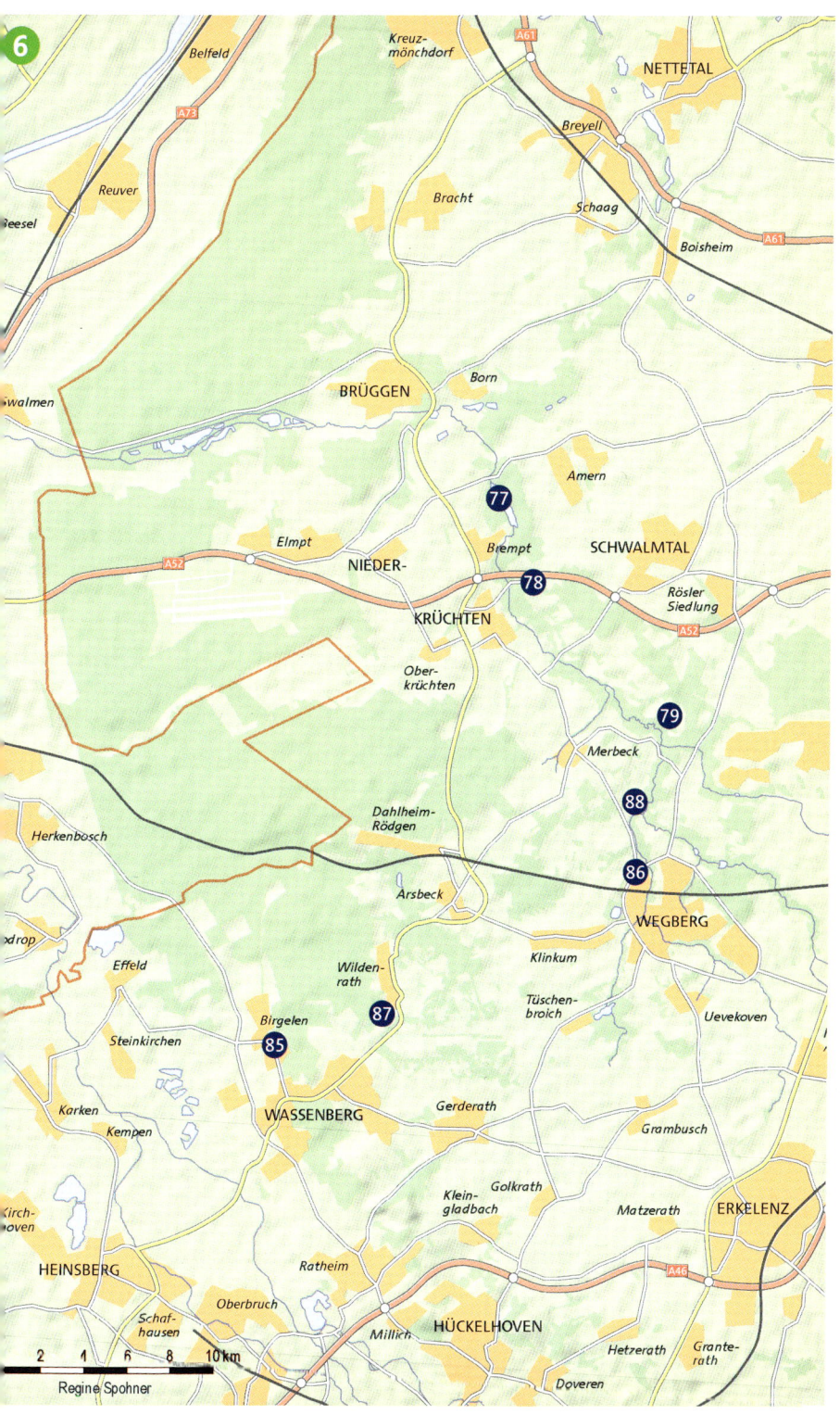

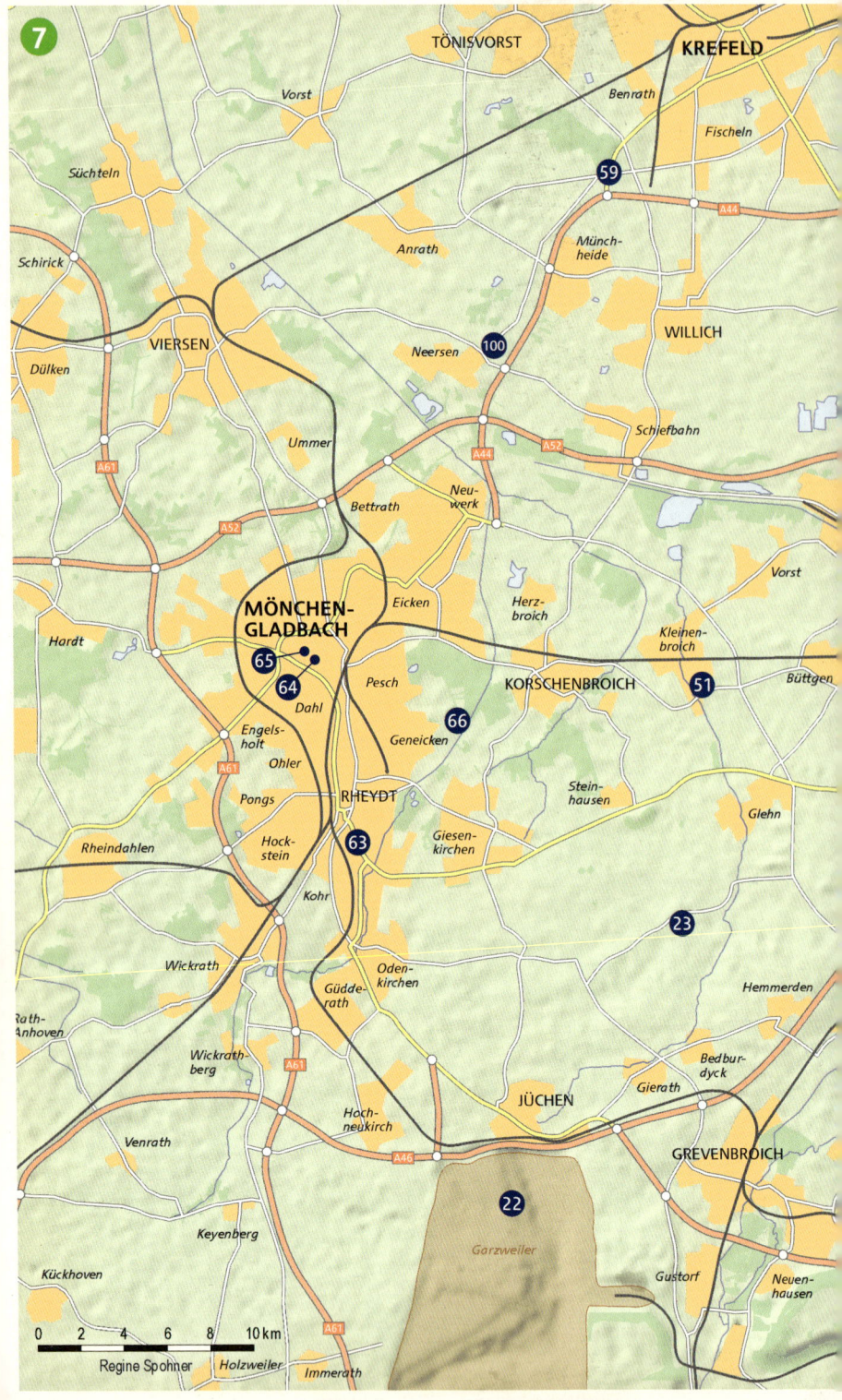

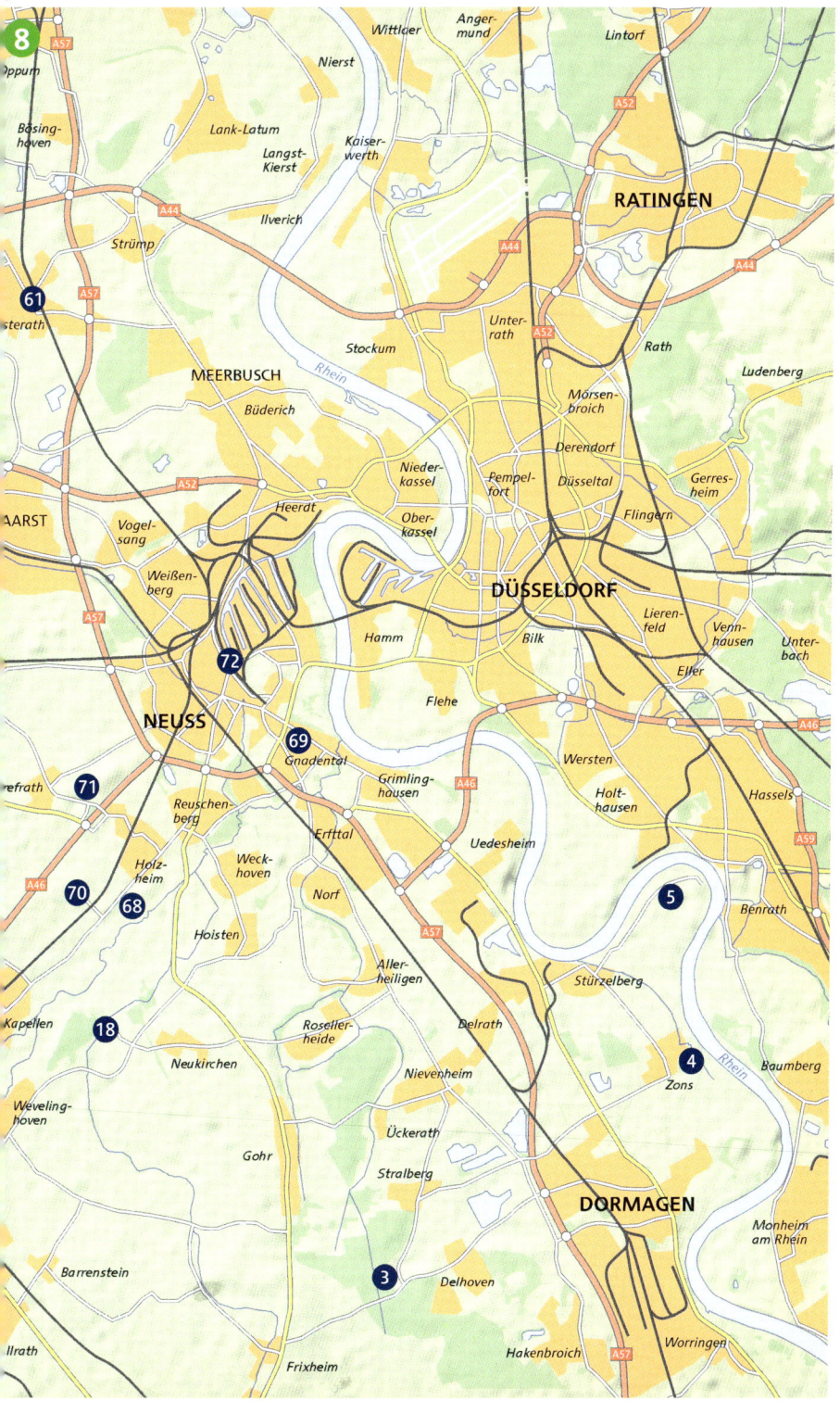

Der Autor

Peter Eickhoff arbeitet als Autor und Fotograf. Von ihm erschienen die Reiseführer »Historische Restaurants und Landgasthäuser am Niederrhein« und »111 Düsseldorfer Orte, die man gesehen haben muss«. Für »Cotta's kulinarischen Almanach« porträtierte er regelmäßig europäische Metropolen.